ちょっと笑える不思議な世界の裏話

不思議ジャーナリスト
広瀬学

この本を書くにあたって

２００１年、私は有限会社コスモビレッジというオーディオ雑誌を出版している小さな会社で働くようになりました。２ヶ月に１回全国の書店で発売される『Ａ＆Ｖヴィレッジ』というオーディオ・ヴィジュアル雑誌を出版していた会社です。

現代の若者には信じられないような話かもしれませんが、今から30～40年前にはオーディオという趣味の世界がありました。現在でも細々と続いています。

高級なオーディオ装置（ＣＤプレーヤー、ＤＡＣ、アンプ、スピーカー）・ケーブル・

インシュレーターなどを使用して最高の音を目指す趣味です。

非常にマニアックな世界です。

オーディオ趣味人のことを業界では「オーディオマニア」と呼んでいました。

10万円もする電源ケーブルや電源タップを交換することによってさらに最高の音を追求する世界です。

しかし「最高の音」といっても、かなり主観的な話です。

なぜならば、音の違いを測定しても数値に差が出ません。

しかし「わかる人にはわかる」。それがいつも論争となっていました。

オーディオの音の違いというのは「オカルト」そのものでした。


そんな中、『A&Vヴィレッジ』はオーディオ以上にオカルトであるスピリチュアル・波動グッズも取扱うようになったのです。

『A&Vヴィレッジ』の巻末は、ベストチョイスローカルメールオーダーというオーディオ製品、スピリチュアル・波動グッズ、健康食品を扱う通販ページになっていました。

私は取扱い製品の原稿作成、編集を担当していました。

通販の売上げは、働き始めてから1年で前年度の3倍に上がっていました。

そのときに「通販で扱っている商品を実際に見て触れることができるアンテナショップを作ったらよいのではないか」という提案をし、２００2年に「エンゼルポケット秋葉原」というお店をオープンさせることができました。

私は当時通っていた池袋の事務所から秋葉原の店舗に異動することになりました。

それとほぼ同時に有限会社ローカルメールオーダーという会社を作りました。

資本の関係はありませんでしたが、事実上私はその会社の最高責任者となりました。俗に言われている、雇われ社長みたいなものです。

その後、たくさんの製品を扱うようになり、なぜか、「波動家、気功家、スピリチュアリスト」と呼ばれる人たちとの不思議な出会いをたくさんしました。

その途中で私にとって大事件が発生しました。

何と、２００６年に『Ａ＆Ｖヴィレッジ』が休刊してしまったのです。

残ったものは、店舗とインターネット通販だけです。

それを聞いたとき、私はプレッシャーを感じて頭に10円玉と同じくらいのハゲができました（笑）。

しかし、このとき「お付き合いの長い常連のお客様は、きっと今後も購入し続けてくれるに違いない」と思い一生懸命に経営をしてきました。

雑誌が出せない分、お客様にはブログを毎日更新して情報提供をしました。

その後5年間、トータル９年間、店舗を運営してきましたが、これからは「インターネット通販の時代だ」という考えを踏まえて、オプティマルライフ株式会社を作り、ローカルメールオーダー時代の製品を受け継ぎながらインターネット通販を開始しました。そして現在に至ります。

２００５年からブログなどでオーディオ製品やスピリチュアル・波動グッズ、健康食品などを紹介する文章を書いてきました。

その文章には波動家、スピリチュアリスト、気功家との不思議な出会いを題材にしたものがたくさんあります。

この本を執筆した動機は、その内容をご紹介したいと思ったからです。

特にこの本の中でご紹介したい題材は、「未踏科学」と勝手に呼んでいるジャンルです。

ただ、私は波動家、気功家、スピリチュアリストではありません。

多くの人々との関わりを持った、自称・不思議ジャーナリストです。

目次

スピリチュアル編……12
■私が提唱するスピリチュアルの概念……12
■未来を変えるスピリチュアルとは?……13
■スピリチュアル・波動グッズは意識と共鳴する……17
■理屈で解明できるモノとそうでないモノ……18
■ある気功家の話　白鳥鳳山(ピヨ先生)……23
■潜在意識を味方につける気功の魅力……27
■チャクラを開眼!あなたの潜在能力は解き放たれる……31

未踏科学の実践レポート編・・・・・・・・・・・・36
■畑の四隅に棒を差しただけで白菜が異常に大きくなった・・・36
■聖なるエネルギーは未踏科学・排ガスで人が死なない・・・・42
■味覚センサーを変える波動技術・・・・・・・・・・・・52
■天才脳の作り方　ＫＯＴＯＲＡＢＯ　山崎氏・・・・・・58
■特殊な能力が寿命を縮める・・・・・・・・・・・・・63
■万物が活性化され癒されるパワースポット「イヤシロチ」・・69
■オプティマルライフＰＴＢ加工の世界！・・・・・・・・73
■友人Ｓ氏は産業用途で波動エネルギーを活用している・・・79
■Ｓ氏の正体・・・・・・・・・・・・・・・・・・・81
■超微細ミネラル水の奇跡・・・・・・・・・・・・・・85

■超微細ミネラル水から放出される波動エネルギーで魚の向きが変わる・・・・・・・・・・・・・・89
■超微細ミネラル水‥ちょっと普通では考えられない摩訶不思議な液体・・・・・・・・・・・・・・91
■地震予知ができるS氏。私はこっそり参考にしている・・・・96
■意識で光を曲げる製品　スーパー量子備長炭・・・・・・101
■波動エネルギーを映像化したS氏・・・・・・・・105
■これらの科学は生命科学～自然のメカニズムを理解し、応用する～108
■テネモスとベルヌーイの定理・・・・・・・・・112
■テネモスと見えないエネルギー・・・・・・・・117
■タカダイオン開発過程・・・・・・・・・・・121
■見えないエネルギーの取り込み方・・・・・・・・・125

裏の世界で波動を操る達人たち編・・・・・・132
■特殊工芸作家で波動研究家　谷田部貞夫さん・・・・・・132
■超能力美女　空月水さん・・・・・・・・・・・・・・・137
■太陽の光とともに幸運を運んでくるサンキャッチャーについて141
■満月の夜にエネルギーチャージ・・・・・・・・・・・・145
■表と裏の世界の真実！　波動プロデューサーXの素性・・・・・152
■ひふみエネルギーを操るHWTマロさん・・・・・・・・161
■HWT製品の作り方・・・・・・・・・・・・・・・・163
■怖いほど当たる日本の預言書「ひふみ神示」・・・・・・167
■波動とは？幸せを引き寄せる法則・・・・・・・・・・171
■教祖と信者のスピリチュアル製品の考察・・・・・・・・174

スピリチュアル編

■私が提唱するスピリチュアルの概念

・洗脳や霊感商法から身を守る唯一の方法は、信じることではなく見極めることである。
・スピリチュアルの理解を深めるためには、疑いと批判精神を持つことが重要である。
・占い、ハンドパワー、引き寄せの法則、アセンションなどはインチキなものが多いが、ごく希に効果の高いものもある。
・世の中の大多数の事象は科学的に解明できるが、解明できないものもある。それが未踏科学の領域。
・宗教もスピリチュアルであり明確に区別することはできない。
・宗教が人々の心に深く浸透した理由は、社会に不条理が満ち溢れているからである。

・親が子を思う「無償の愛」が善のスピリチュアルの概念である。
・自然災害による深い悲しみから立ち直る唯一の方法は、考え方を修正することである。
・人には無限の可能性があるが、その可能性を引き出す唯一の方法は「自分が変わること」である。スピリチュアルグッズとはそのきっかけを作るものである。
・どんなに素晴らしい製品でもそれを持った瞬間から「バラ色の人生」になることはない。
・スピリチュアルの概念は人類が滅亡しない限り永遠に続く。

■未来を変えるスピリチュアルとは？

老若男女を問わず人気を集めているパワースポット巡りをはじめとして、昨今では多くの方が「目には見えないもの」に自然と興味を抱いているようです。

そんな中で「スピリチュアル」という言葉も、テレビ・雑誌・ネットメディアで特集されるなど、より広く浸透しつつあります。

ところで、よく耳にするスピリチュアルとは、一体どのようなものなのでしょうか。

そもそもスピリチュアルという言葉は、英語の「spiritual」という形容詞が元になっています。この言葉には「超自然的な」「魂の」「精霊の」など複数の意味があります。

これらの目に見えない存在には、あまり馴染みがないと感じる方もいらっしゃるかもしれません。

しかし、実はこの世界で生きている誰もが、スピリチュアルなものとの接点を持っているのです。

科学技術によりめざましい発達を遂げた現代社会においては、「科学的に証明できるものが正しい」という考え方が主流となっていますが、それでも科学的に説明できることには限りがあります。

例えば、死んだあとの人間は、それからどうなってしまうのでしょうか？

このような疑問は、科学によってすべてを説明できるわけではありません。そ

れに対してスピリチュアルとは、まだ人間には完全に理解できない、答えの出せないものを広く受け入れる領域だと言えるでしょう。

ふと人生の途中で立ち止まったとき、これまでに自分自身が選んできた道を振り返り、自信が持てなくなってしまうことがありますよね。

自分という存在は、一体どんな意味を持ってこの世に生まれてきたのか…。

そんな大きな迷いの中にいると、スピリチュアルな世界が私たちへメッセージをくれることがあります。

目には見えないものを受け入れることは、そんなスピリチュアルなものたちから人生のヒントを受け取る、第一歩なのです。

自分という存在が大自然の一部であると感じるのもスピリチュアルであり、愛や命といった目には見えないものを大切にするのもスピリチュアルです。

未来を変えたいと願うなら、まずは人生を導いてくれる「天使」からのメッセージを受け取るために、自分の心を開いてみましょう。

スピリチュアルな世界は、目には見えませんし科学的に証明もできませんが、いつでもあなたのすぐ前に開かれています。

「スピリチュアル」という言葉によって、科学だけにとらわれない、広い世界を受け入れられるようになります。自分の心を開いて、スピリチュアルなものを受け入れる準備を整えたら、あなたにも天使からのメッセージが届いていることに気付けるかもしれません。

■スピリチュアル・波動グッズは意識と共鳴する

スピリチュアル・波動グッズと呼ばれるものは、私たちの身体と共鳴して初めて効果を発揮します。

オーディオマニアと呼ばれる人たちも、なけなしのお金を払って購入した道具をとても大切にします。

マニアって、道具をこよなく愛します（私マニア大好き）。

その意識、つまり「愛」が道具たちと共鳴するのです。

道具を道具としか思わない意識では到底共鳴現象は起きません。

一番わかりやすいのがイチロー選手。

イチロー選手は道具をすごく大事にするそうです。

一度だけ三振したときにバットをグラウンドに叩きつけたことがあったそうです。

その後、ものすごく後悔して、バットを作っていただいている職人さんにお詫びの電話をしたという逸話を聞いたことがあります。

「だからイチロー選手は道具と共鳴できる」と私は考えています。

バットにも意識があります。あの大記録は技術だけじゃなく、道具と深い共鳴関係にあるイチロー選手だからなしえたことだと思うのです。

バットはイチロー選手にとって身体の一部です。

■理屈で解明できるものとそうでないもの

昔からよく言われていること

「広瀬さんって理屈っぽいよね」

全く違う人からは「広瀬さんって、アバウトだよね」。これも昔から言われていることです。

これは私の職業柄、そうなっている可能性が高いです。

ある意味「職業病」と言ってもよいのかもしれません。

弊社で取扱っている製品は**「理屈で解明できるもの・理屈で解明できないもの」**がはっきりと分かれているからです。

理屈で解明できるもの

・健康食品、サプリメント、環境商品、健康器具

理屈で解明できないもの

・オーディオ製品、スピリチュアル製品、波動グッズ、ヒーリンググッズ

「オーディオ製品は理屈で解明できるだろう」と思う方もいるかもしれませんが、全くそんなことはありません。

千円のスピーカーケーブルと5万円のスピーカーケーブルで「どちらの音がよいのか」と比較試聴してみても、必ず5万円のスピーカーケーブルの方が音がよいとは限りません。

スピーカーの振動板の素材も、紙系、金属系、ウッド、カーボン、繊維などさまざまありますが、どの素材が一番よいのか結論は出ていません。

そもそも「**音がよい**」という定義がいまだにはっきりしていません。

だから、オーディオやスピリチュアル製品を紹介するときの私の説明は、かなりアバウトです。

でも仕方ないと思うのです。「**よくわからないから！**」

信条としては「人生の50％くらいは理屈じゃ説明できないことばかりだよな

ぁ〜」と思っています。

・なぜ私は日本人に生まれた？
・なぜ私はあのときあの人のことを好きになった？
・なぜ私は病気になった？
・なぜ私は災害に遭遇した？
・なぜあの人は死んでしまった？

このようなことは理屈ではわかりませんね。
しかし、人生は理屈でわかるものもたくさんあります。

・勉強せずに受験をして不合格になった。
・食事制限をしたら体重が減った。
・水泳教室に通ったら泳げるようになった。

など…。

理屈とはとても大切だと思うのですが、しかし**「理屈一辺倒な人ほどつまらない人が多い」**ということも経験上感じています。

何故女性は占いが好きなのか？

「半分信じて、半分信じていないから」ではないかと思っています。

つまり、よいことがあったときは自分に都合よく解釈して、悪いことがあったときは信じない、という心の整理の付け方が、上手なのではないかと思うのです。

・それに比べると男性は、
・どんな根拠があるんだ！
・洗脳されてんじゃないの！
・非科学的なんだよ！

という人がとても多いように感じています。

ただし、弊社のお客様は少し違いますが…。

オプティマルライフ株式会社は「理屈で解明できるもの・理屈で解明できないもの」が同率くらいの健全な会社です…（笑）。

なぜかというと、それが、**私たちの人生そのものだからです。**

■ある気功家の話(ピヨ先生)

私の友人に、白鳥鳳山（通称・ピヨ先生、以降ピヨ先生と表記）という気功家がいます。友人になったきっかけは、当時店長をしていたエンゼルポケットに、お客様としてたびたび来店して何度か話をしているうちに「気功の話」で意気投合し友達になってしまいました。

気功とは、気を操る技術です。

ピヨ先生は気功家です。本名じゃないですが…（笑）。

あるときピヨ先生から「気功ＣＤ『気音泉』を作ったので、お宅の店でモニター販売してください。」と提案がありました。

音楽ＣＤは当時から販売していたので、販売することに特に問題は感じていなかったのですが、その内容を聞いて一抹の不安を感じてしまいました。

エンゼルポケットというお店は２０１１年まで運営していたオーディオショップでした。

オーディオショップとは、よい音がでる製品や高音質のＣＤを売ることを目的としたお店です。

しかし、気功ＣＤ『気音泉』は音ではなく「気」が入ったＣＤだったのです…(笑)。

これから掲載する文章は、そのときにモニター募集したブログの内容です。

久しぶりのモニター販売を開始します。

何と、このＣＤには音が入っていません。

では何が入っているのか…。

それは「気」です。「決して手抜きではありません」気だけに今回は気合が入っています（笑）。

ピヨ先生が久しぶりにエンポケに来たとき、『気音泉』のデモＣＤを一緒に試聴しました。

「何だ、この空間のエネルギーの存在は…決して気のせいではない」と叫んでしまいました。でも、ちょっとあやしすぎますね（笑）。

ＣＤを再生した瞬間から、お腹の辺りにエネルギーをビンビンに感じてしまうのです。

「数分後頭の上にエネルギーが抜けていく感覚。」

ちょっとトランペットを吹くと、明らかに音色が変わる。

その後普通のＣＤをかけると、それまで聴いていた音が「何だったんだろう」と思えるほど激変…。

本当にすごかったのです。

この「**世にも恐ろしいＣＤ**」を体験していただける方を募集します。
先着10名様。早い者勝ちです。

※注意…『気音泉～魂の蘇生～』は現在発売されていません。

■潜在意識を味方につける気功の魅力

気功によって、普段は使うことのない潜在意識を味方にできると考えられています。

私たちの意識には顕在意識と潜在意識があり、認識できる「顕在意識」は全体の約３％しか使われていないと考えられています。

そんな秘めたるパワーを引き出す気功の魅力とは、一体どんなものなのでしょうか。

気功とは、中国古来の健康法のひとつです。「気功」という言葉はエネルギーの働きを意味し、健康や活力の促進を目指しています。

「気」は生命エネルギーそのものを指し、人がこの世に創成される前からあり、あらゆるものに宿っていると考えられていました。

気功には多くの流派がありますが、どの流派にも、「静功」「動功」という2種類が存在します。

目立つ動きを伴わない「静功」と、関節を動かしながら筋肉を強化したり腱を伸ばしたりする「動功」により、身体のバランスを整えていきます。

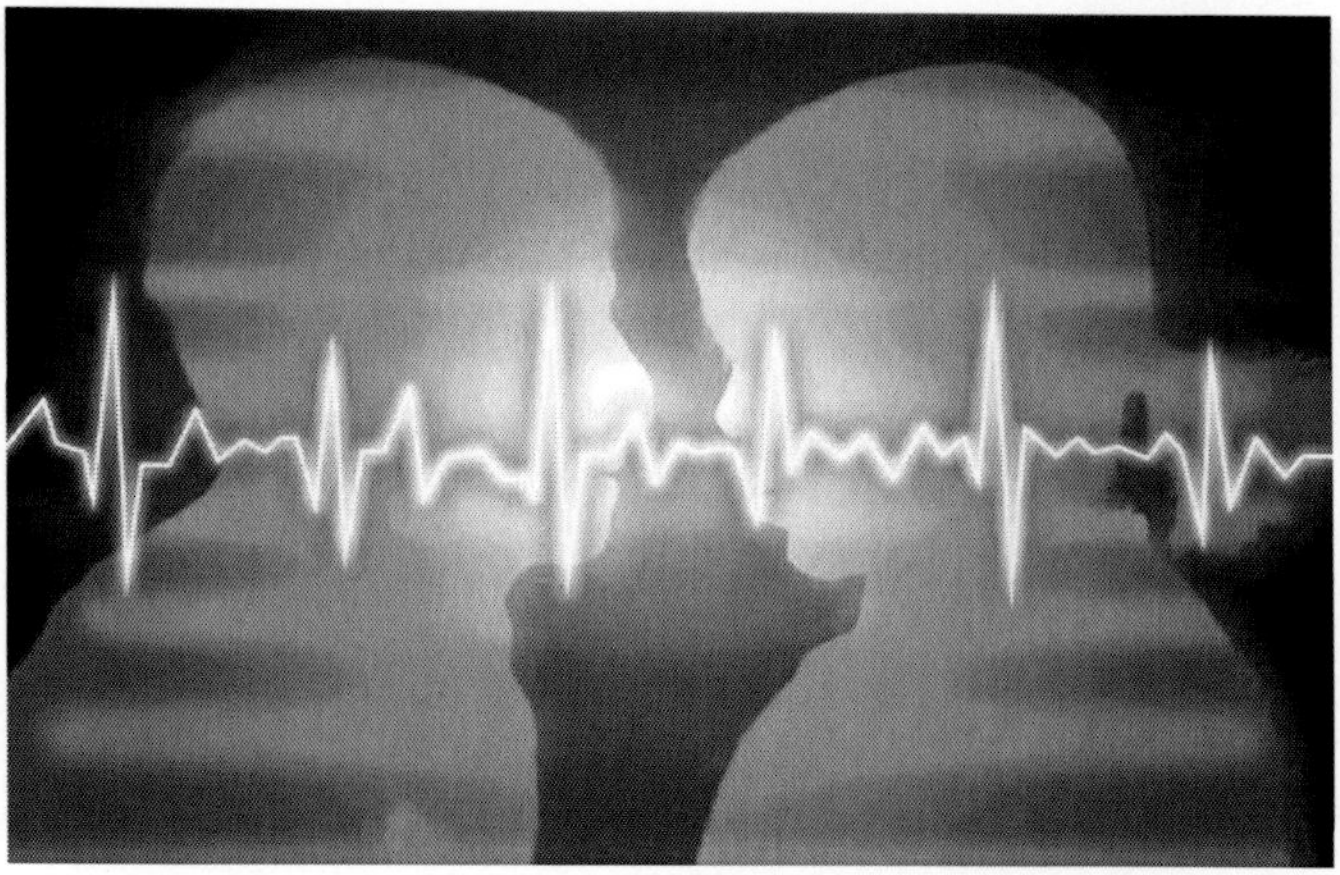

人の本来あるべき姿にできるだけ近づけていこうというのが、気功の基本的な考えです。

人の意識には、「顕在意識」と「潜在意識」があります。

顕在意識とは、私たちが認識できる「意識」のことで、脳が普段機能している部分を指します。

一方の「潜在意識」は、いわゆる「無意識」の部分を指します。こちらは、普段は機能していません。

潜在意識の情報処理能力は、顕在意識の

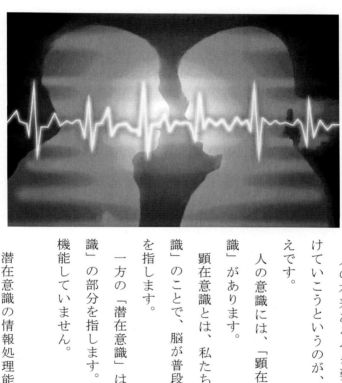

およそ7万5千倍とも言われるほど高いのです。そのため、潜在意識が存分に力を発揮することで、自らが思い描いた理想の人生を生きていると実感できるようになります。

潜在意識が眠ったままでいると、どんなことが起こってしまうのでしょうか？例えば経営者であれば、働き手が足りず採用が思うように進まないというケースが多く見られます。

店を続けるために仕事に追われ、身体もメンタルも不健康な状態が続くようになります。疲れているはずなのに眠れない状態が長く続き、常に不眠の状態です。理想とはかけ離れ、どうすることもできない日々が続きます。

人一倍努力しても成果を出せないのは、潜在意識が眠ったままの状態になっているからです。

潜在意識を目覚めさせるためには、気功を使ったヒーリングが有効です。

気功で潜在意識をコントロールできるようになると直感が働き、これまでうまくいかなかったことが動き始めます。

頑張っても報われなかった日々に変化が生まれるということです。目に見えない「気」を動かす気功には、そんな無限の可能性が秘められています。

気功には、潜在意識を味方につける力があります。人が持つ生命エネルギーを高めて、利用できるのが気功の魅力です。思うような人生が送れないと感じているなら、気功によって潜在意識を目覚めさせ、人生をより豊かにしていきましょう。

■チャクラを開眼！　あなたの潜在能力は解き放たれる

人の身体には、大地から受け取って宇宙に放たれるエネルギーと、宇宙から受け取り大地に放たれるエネルギーが螺旋状に回転し、各チャクラにエネルギーが伝わると考えられています。

そんな見えない存在であるチャクラを開眼させることで、どのような変化が起きてくるのでしょうか。

チャクラとは、サンスクリット語で「車輪」「回転」「轆轤（ろくろ）」「円盤」といった意味があり、身体にあるエネルギーの出入口を指します。

チャクラは、頭頂・眉間・喉・胸・鳩尾・丹田・尾骨に計7つあります。インドでは「プラーナー」、中国では「気」、欧米では「エネルギーフィールド」と呼ばれています。

そんなチャクラは、ヨガやパワーストーンによって活性化できると言われています。ヨガに使われる呼吸法「クンバカ」やパワーストーンを使った「クリスタルヒーリング」によって、チャクラが健全な状態に導かれるのです。

クリスタルヒーリングとは、各チャクラに対応したクリスタルを身体に置き、チャクラバランスを整えるという方法のことです。

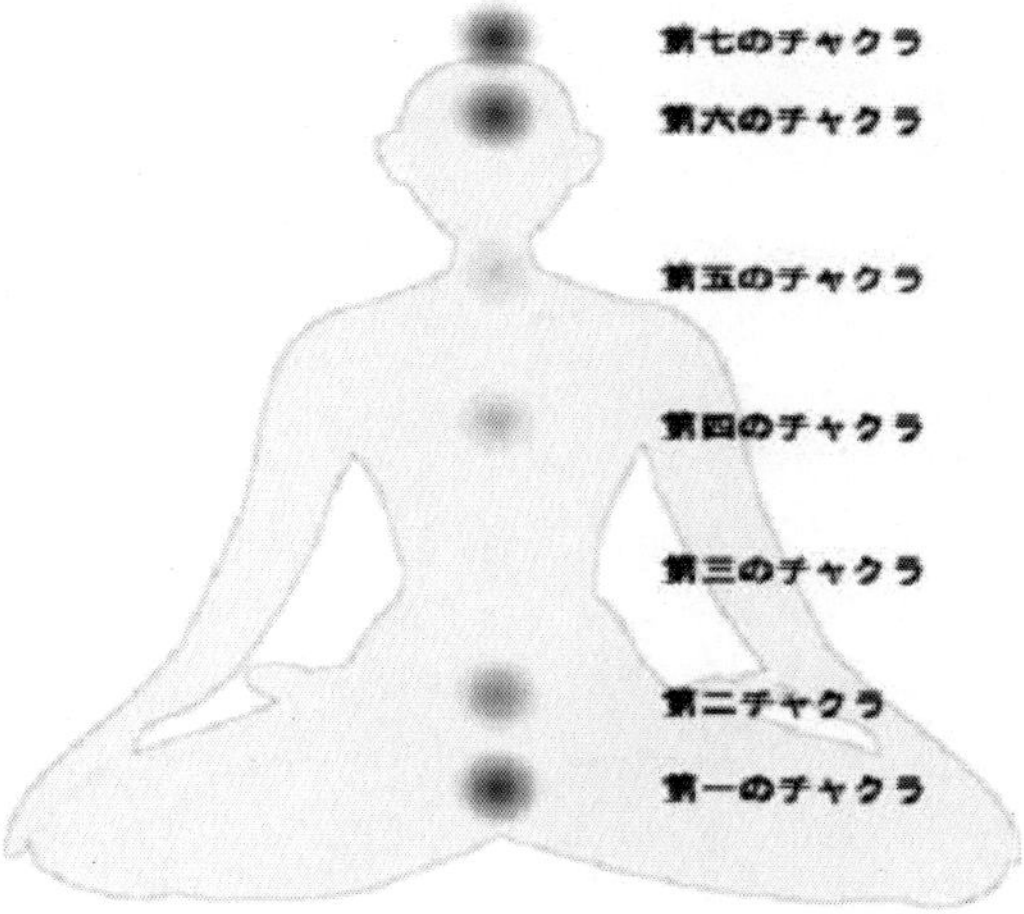

チャクラは、「開く」「閉じる」といった表現をされることがあります。正常な状態のチャクラは時計回りに回転している状態で、それぞれのチャクラが持つエネルギーカラーがはっきりと鮮やかな色を放ちます。

チャクラは開きすぎてもいけません。開きすぎると、かえって外界から不要なエネルギーを取り込んでしまうこともあるからです。

また、チャクラが閉じている、つまりブロックがある場合は、回転が遅すぎたり、全く回転していなかったりして、エネルギーが満ちていない状態となります。

そんなチャクラの開眼について、左記のようなエピソードがあります。

ある女性は、会社を辞めて次のステップに進みたいと思ってはいるものの、なかなか行動に移すことができませんでした。

しかし、生死の境をさまようほどの大病を患った末、現在の仕事に違和感を覚えるようになります。これはチャクラが開眼したことで、本来の自分がやりたかったことを思い出し、そこに進もうとする意欲を取り戻すことができたという良い例です。


チャクラで大切なのは、バランスです。7つのチャクラがそれぞれにバランスよく機能していなければなりません。チャクラを開眼させることで、潜在能力を目覚めさせ、真の人生を送れるようになります。表面的な健康ではなく、真の健康が手に入ります。真の健康とは、自分以外の人との関わりがスムーズで、しかも愛に満ちている状態のことです。そうした状態が生まれることで、潜在能力が開花することになるのです。

まとめ

チャクラを開眼させることで、潜在能力を解き放ち、人生が好転するようになります。健康の維持には、身体（ボディ）・心（マインド）・魂（スピリット）が三位一体となり、満たされている必要があります。チャクラを開眼・活性化させることで、ぜひあなたの真の人生を歩んでみてください。

未踏科学の実践レポート編

■畑の四隅に棒を挿しただけで白菜が異常に大きくなった

世の中には、科学的には考えられない不思議な技術がたまにあります。農業の世界では「アートテンテクノロジー」という技術があるようです。私がお付き合いしている企業の社長さんなども、このような話題がとても好きなのですぐ噂が広がるのです。

アートテンテクノロジーとは

ホームページや本によりますと

その原理は、現代の科学では解明できない宇宙からの情報を農業に応用するもので、宇宙からの情報を「数列」で受信し、農地の様々な状況に応じて図形や色、文字に変換して利用。

例えば、宇宙情報を入れたセラミックやカードを畑の四置いておくと、太陽の光が当たらない場所でも、まるで太陽光線によって光合成したかのようにすくすく元気に育ち虫も寄り付かない。

と書かれています。

一般常識から考えればあやしいですね。

でも書籍でも詳しく書かれていますし、YOUTUBEで実際使用された農家の方の生の声が紹介されています。事実は小説より奇なり

弊社でも以前から、似たような製品は扱ってきました。

その中でも弊社と取引のあるKOTORABOの山崎さんからアートテン農法を髣髴（ほうふつ）させるような話をいただいたので、みなさまにご紹介したいと思います。

話は障害を持つ方の母親と関連があります。

その母親は、ある園芸サークルに参加していて、そのサークルに畑を貸している管理人さんがいます。

ずっと農業をやってきたプロ（専門家）です。

その母親が管理人さんにKOTORABOの山崎さんにあるお願いをしました。そして、面白い実験を試みたのです。

「オプティマルエリアゼロの農業タイプ」という不思議な棒を、白菜を作っている畑の四隅に挿しました。

KOTORABOの技術は「メモリー」を製品に封入する技術です。そのために1万9千Vの電気装置を使用します。「メモリー」とは願いのようなもので、その「願い」を高電圧処理をして製品に封入します。

スピリチュアルの世界では「気を入れる、念を込める」という作業を本人が行いますが、KOTORABOの山崎さんは機械を使って「念を込める」のです。

管理人さんは、「畑の四隅に棒を挿す」ことについて、何のことだかさっぱりわからなかったらしいのですが、KOTORABOの山崎さんは「おまじないみたいなものですから、そのままそっと挿しておいてください。ひょっとすると野菜に何かよい影響があるかもしれません」

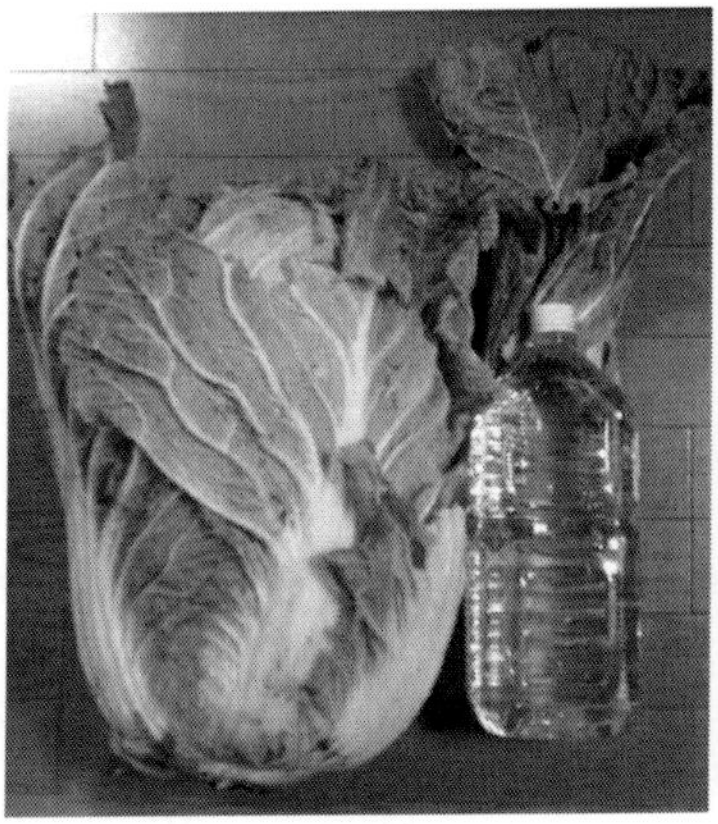

と言い残して去っていきました。

数ヶ月後、そのエリアで囲った中で育った白菜が異常なほど大きくなってしまったと、連絡がありました。

その一角の白菜だけが全て均一に大きくなったので、管理人さんはビックリしてしまったというのです。

比較写真です。

左がオプティマルエリアゼロで囲んだ白菜。

右が隣の畑で取れた白菜。

隣の畑とエリアで囲んだ畑の隙間はほとんどないそうです。
しかもそのエリアで取れた96個の白菜はほぼ均一に大きい。
比較が難しいので、２Ｌのペットボトルを隣に置いた管理人さんのお話では
50年以上農業をやっているが、白菜がこんなに大きくなったことはなく
「初めての体験！」とのことでした。

「どう考えてもこれは、あの棒の仕業に違いない」とも言われました。

その近所の農家の方たちは
・あそこだけ特殊な肥料を与えた？
・特殊な種をどこからか入手したのではないか！
など。
とても不思議がられていたようです。

この白菜は鍋の材料に使用して食べたらしいのですが「とてもおいしかった！」ということでした。

いかがでしょうか。

世の中には科学的に解明されていない技術がたまにはあるのです…(笑)。

■聖なるエネルギーは未踏科学・排ガスで人が死なない

KOTORABOの山崎さんは「聖なるエネルギー」を製品に封入しています。

この「聖なるエネルギー」は、言葉を具現化したメモリーです。

今回のテーマである「排ガスで人が死なない」というメモリーを自動車のマフラーに「念を込める」と本当に人が死ななくなるのです…(笑)。

いかにもスピリチュアルで非科学的な感覚にとらわれるかもしれませんが、実験をたくさんやっています。その「実験、事象、データ」などを含めて私は未踏科学と呼んでいます。

未踏科学とは、原理ははっきりしていないが、科学的なデータが存在し再現性があるもの。超能力、イマジネーションの概念も含む技術。

アカデミック（正統的な学問の世界）では認められていない技術ということを根拠にしている造語です。

この「未踏科学」の決定版とも言える技術が１９９９年にＫＯＴＯＲＡＢＯの山崎さんが行った、聖なるエネルギーを使って、トラックから出る排ガスを吸っても人が死なないという実験です。

しかし、よくこんなバカバカしいことを真剣にやったものだと、感心するやら、あきれるやら。その話を聞いたときには、本当に笑ってしまいました。

実験内容

11トン車の排気ガスをビニールハウスに引き込み、中に入っているけど健康に害が無いという実験。

怖い実験。でもなぜか平気でした。「人が死なない排ガス」。今なら世の中に必要でしょうか？

もし今後ＤＰＦ（「ディーゼル微粒子捕集フィルター」の略）にこの仕掛けをすれば天下無敵になるはずです。

画像は、燃料タンクとマフラーにも仕掛けをしました。
（ＤＰＦには何もしていません）

自動車の排ガスは昔と比べるとずいぶんきれいになりました。
しかし、今でも排ガスは有害ガスであることに変わりありません。

この排ガスを無害ガスにする技術を紹介します。
それは環境を破壊しない排ガスにする意味があります。
「**毒が毒でなくなる技術**」です。

世界中の空気をきれいにしたい企業に技術をお教えしたいと思っています。
「排ガスで人が死なない」。排ガスで人が死なないのは、環境を破壊しないガスになっているからです。従来は、いくらきれいになったといっても、その排ガスで人が死なないガスにはなりません。

実験内容について

実験は、燃料とマフラーに仕掛けがしてあります。その結果人が死にません。

応用について

１　ＤＰＦへの応用が効果的です。ガソリン車でもディーゼル車でも応用できます。

２　燃料そのものへの応用も可能です。石油メーカーが取り組めばできます。

1999 5 30
1:11:22PM

1999 5 30
1:09:35PM

1999 5 30
1:10:35 PM

1999 5 30
1:09:37 PM

技術について

ＤＰＦ製造段階での製造方法に手を加える必要があります。

ＤＰＦ製造の基本的行程に変化はありませんが、新しい行程が発生するので焼成条件などトライ＆トライが必要です。

２台のトラック、片方は処理をしている、片方は処理をしていない。ビニールハウスを作って、その中に排ガスを引き込み、人が死なないか実験しました。

私はずっと中に入りっぱなしで

50分ちかくいました。

最後は、排ガスよりも暑さで耐えられませんでした。

排ガスは平気なのに。ガスは臭いけど。死なないのですね。

私も中に入ってみるわ。死んだらお嫁にいけないけど、みんなを見ていると死なないみたいだし…。

本当に大丈夫なのか。

何もしていない車両のくっさーい。

眼が痛いぞ。おえー。

でも処理したから平気平気。

ＫＯＴＯＲＡＢＯの山崎さんの話によると当日は危険なので、お医者さんを呼んだらしいです。

そうしたら、お医者さんが怒り心頭で

「人が死んだらどうするんだ‼」

と怒られたようです。

その話を聞いて「ゲラゲラゲラ…」

そりゃそうだ…(笑)。

この実験結果をＨＰに掲載したところ日本最大手の自動車メーカーか

ら連絡があり、「同じような実験をしたい」とオファーがあったようです…。
「これはすごい！」ということになったらしいのですが…。
ここからが落ちです。
意味わからないのでボツ！
聖なるエネルギー、未踏科学の挑戦は続きます。

■味覚センサーを変える波動技術

以前ＫＯＴＯＲＡＢＯでは、食器を聖なるエネルギー加工して販売していました。
一見すると何でもないただのコーヒーカップです。
それをＫＯＴＯＲＡＢＯが特殊処理をしています。
そのときに、味覚センサーというもので、味覚を測定していました。

うまみセンサー（味覚センサー）での分析結果

うまみセンサー（味覚センサー）による分析が出ました。次ページにある図の右上にある黄色と青のマークがその分析結果です。

実際の味覚センサーによるデータエクセルファイル

青マークはＫＯＴＯＲＡＢＯ食器処理。

黄マークはＫＯＴＯＲＡＢＯセラミック処理。

市販のペットボトル入り日本茶を処理して味覚センサーで調べた結果です。「うまみ」に明らかな有意差があります。

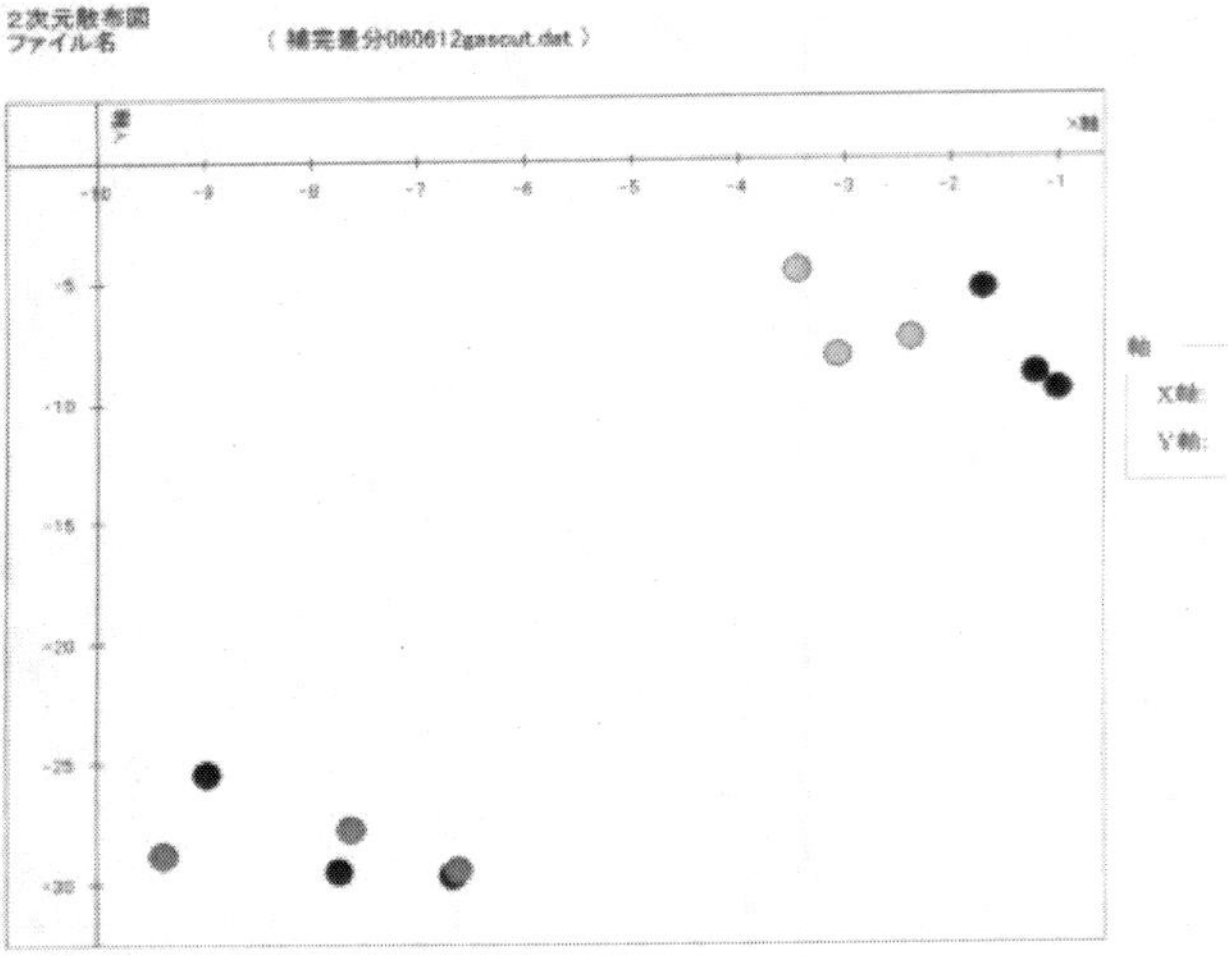

ＫＯＴＯＲＡＢＯ製品の食品への使用が大変有効的であることが、うまみセンサーでも確認されたことになります。

　うまみセンサーでお茶がおいしいと評価されましたが、それはどういうことなのか？

　お茶の成分は全く変わっていないはずです。お茶は同じ液体を使用しています。セラミックとＫＯＴＯＲＡＢＯ陶器に接触したお茶と、もともとペットボトルに入っていた

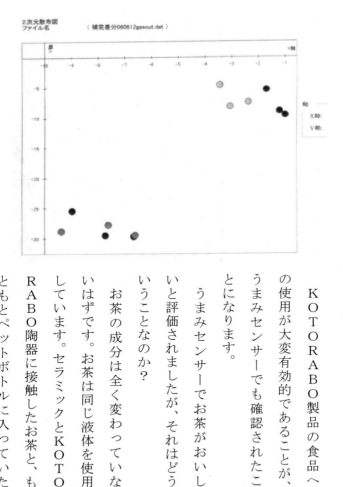

お茶の味覚試験です。

この違いは「おいしい。まずい」のレベルだそうです。

データを見た試験官の方も不思議がっていたそうです。

同じお茶なのになぜ評価が極端に分かれるのでしょう。

ここからは推測ですが、「液体の物性が変わった」のかもしれません。

うまみセンサーの仕組みはよくわかりませんが、「液体の物性が変わってお茶のうまみが増した」と推測しています。

「セラミックや陶器からでるエネルギーによる物性変換」だから機械が「おいしい」と判断した。

この方がわかりやすいですかね。よけい混乱した…(笑)。

おいしさの秘密がＫＯＴＯＲＡＢＯセラミックや陶器にあるのではなく、加工技術にあると推測されます。なぜならば、普通のセラミックでも味が変わる可能性があるからです。

ここでの重要なポイントは、セラミックと陶器を同じ加工処理をして、うまみセンサーがほぼ同じ評価をしているということにあります。

お茶がおいしくなったのであれば、その他のものはどうでしょうか？「ジュース、酒、酢、醤油」、など、すべておいしくなるかもしれません。

ＫＯＴＯＲＡＢＯでは、今までに人を使った味覚実験をたくさん行ってきました。

しかし人を使った実験では「料理がおいしくなった」という人が大多数いて「よくわからない」という人も必ずいます。

それは、「プラシーボ効果、雰囲気、味覚の個人差」というものに関連して、よくある話でもあるのですが、この「おいしさ」を科学的に検証するために味覚センサーで検証をしました。

検証の結果「おいしい」という結論でました。

機械の場合は客観的です。

このお茶の実験は食品工場などでも使われている味覚センサーです。

一般的に「おいしい」と言われているものの、基準になっていますから「正確である」と判断しました。

しかし、不思議なことに「人は数値を信用しない」ということも事実なのです。

KOTORABOの山崎さんは、この検査結果をいくら人に説明しても、一般の方に理解してもらうことは至難の業だと言っていました。

しかし、わかる人にはわかるのです。

「波動エネルギーがおいしさを支配する」ということを…。

世の中にはとっても不思議なことが存在するということを…(笑)。

■天才脳の作り方　KOTORABOの山崎さん

一般的には学力とは集中力、思考力、理解力、判断力、洞察力、表現力、応用力、想像力、創造力などの総合力であると言われていますが、そうすると天才脳を作るときに必要なことは人格的な問題ではなく、一番は心の問題となってしまいます。

ならば心の容量を増やせればいいわけです。

その心の容量を増やすのがエネルギーですから答えは簡単です。

エネルギーを高めていく。それが答えです。

脳を天才にする方法で密教の中に「秘法」があり、それを習得することで脳を天才にするという「聡明法」というものがあるそうです。

私もその昔独力でその方法を行ってみたことがあります。


その結果として、頭の前、目の前の少し上、20～30 cmほどのところに、ぽっかりと黄金色、または橙色に輝くまん丸いお月様のようなものを浮かべることができた経験があります。

ある修行家は、これが修行法の完成形として成就したと唸っていました。

ところがこの聖なるエネルギーは様子がかなり違いました。

頭の中で、寝入りばななどに、うつらうつらしたときにパンッと爆発をするのです。

数年の間に10回近くその爆発が起きました。

それに驚いて飛び起きてしまいます。

乾いたピストルの音（聞いたことはないですが）みたいに方角もわかるように

爆発しました。

もちろんビックリして飛び起きても何も起こってはいません。

最初は「夢か」くらいでしたが何回も続きます。

それが、聖なるエネルギーを発見する1週間ぐらい前のことです。うとうととしたときのことです。

全身が稲妻に包まれた青白い光のショックとともに頭の中に大爆発が起き、雷が落ちたような衝撃を受けたのです。

今でも鮮明に覚えていてちょっと恐怖です。

それが言った移動したと思うでしょうが、お月様のようなものがぽっかり浮かぶのと比べてしまいます。

これは「求聞持聡明法」で言うところの「宵の明星」。いわゆる金星のことらしいのです。

その宵の明星と比べると、そのショックは何とすさまじいことか。

誰もが起きることではないのかもしれませんが、聖なるエネルギーにそんなことが起きるとしたらビックリするといけませんので…。

とんでもないショックです。全身が雷の青い色で稲妻のようになります。

頭の中はそれこそ大爆発です。

あなたの脳が天才になる過程で経験するかもしれませんし、しないかもしれません。

私は天才だと思っていません。

私は凡才です。聖なるエネルギーを見つけてそれを物体に保持させる方法を見つけただけの凡才です。念のため。

でもあなたが、もしも、天才脳になっていく間には、これに似たような経験があるのかもしれません。

先祖霊を完全供養したり、トラウマを解消したり、悪霊に退散してもらうのも、すべて人が持っている才能を伸ばすために、まず、マイナスを消しておかないと才能が伸びないと考えたからです。

「巣」のあなたが持っている才能を伸ばすためにマイナスを消す必要があるのです。

努力が不必要なのではありません。必要です。

学問にしても何にしても努力してください。

目標を持って頑張ってください。

その過程で必ず聖なるエネルギーはあなたをバックアップします。

迷いが消えて、頭の中が計画的になり思考がスムーズに流れていくことが実感できると思います。

聖なるエネルギーを手に入れてあなたもぜひ体験してみてください。

いま、脳を天才にする必要が…あるのです。

生きていくという人生には聖なるエネルギーは必要だと思います。

あなたがあなたの脳を天才にする方法を手にしてあなたが天才になっても誰もあなたを恨んだり憎んだりしません。喜んでくれます。

周りまで幸せで包んでしまうことができます。

■特殊な能力が寿命を縮める

KOTORABOの山崎さんの知り合いの方で、ずば抜けた才能を持つ超能力者がいました。

医師、弁護士、大学教授などから頼りにされていた人物です。

あるとき、付き合いの長い医師から「この人の病名がどうしてもわからないので、手助けしてほしい」と頼まれたことがあったそうです。

自分自身の超能力エネルギーを使って答えをさがそうとします。

その超能力者は、病名を当てることができたのですが、病名がその人自身にはわからなかったそうです。

超能力者は情報が上から降りてくると、頭の中にプラカードみたいなものが浮かんで、そこに文字が映し出されるそうです。


そのとき降りてきた情報は、ドイツ語だったらしいのです。

ひとつひとつアルファベットを紙に書いていくと、医師は「おお、これは！」ということになり、はっきりと病名がわかったのです。


基本的に医師は、ドイツ語はわかりますから。

とても感謝されたそうです。

ただ山崎さんはその超能力者にひとつの忠告をしました。

「特殊な能力をいつもＭＡＸで使用していると命が短くなるよ！」

その数年後、超能力者は亡くなってしまったといいます。

山崎さんがいつもこう言っています。

「特殊な能力は、自分の才能だけに頼らず、道具もうまく使った方がよい！　そうでないと自分自身の寿命を縮めることになる」

私も最近、ある女性の占い師から電話がきて30分ぐらい相談を受けたことがありました。

・最近疲れやすい。
・集中力が続かない。
・夜の眠りが浅くなり、体調不良が続いている。

こんな質問をされたので、改善策を言いました。

「道具に頼りなさい。自分の能力を伸ばすことができる道具をさがす能力も、あなたの才能のひとつです」。

「疲れやすい、集中力が続かないということの原因のひとつは、お客様からエネルギーをとられている可能性が高いのです。生身の人間はエネルギー無限大ではありません。」

とアドバイスしました。

その占い師は、弊社で扱っている「開運グッズ大安心」を購入しました。

結局プロでも肝心なところがわかっていないケースが多くあります。

医師が波動グッズに頼ることもあります。

それは病気の患者さんから「不浄なるエネルギー」を与えられて自分の健全なエネルギーを吸い取られているからです。

白姫石鹸や白姫ライトアップクリームで有名な、株式会社地場エネルギーでは地場修正というものを行っています。

地場修正とは、土地の地場を修正してイヤシロチ化するものです。

かなり昔の話ですが、社長さんと飲んでいたとき、こんなエピソードがあり、思わず笑ってしまうことがありました。

「地場修正の依頼主はどんな方が多いのですか？」

「ごく普通の一般家庭が多いのですが、たまに、お寺からの依頼もあるんですよ。」

依頼主から「夜中に、ガタガタ音がしたり、見てはいけないものを見てしまうので、何とかしてほしい」という事情で地場修正の依頼があるのです。

「え、だってお坊さんは、その道のプロじゃないですか。そのために毎日お経を唱えているんでしょ。」

本当のところはよくわからないけど、地場修正したあとは、「見てはいけないものが出なくなった」という報告は何度も聞いています。

ただ、その後、社長が話したある一言で、私自身は納得することができました。

「お坊さんは人を成仏させることが本分であり、成仏できなかった人を何とかするようには教わっていないことが多い。」

意外な落とし穴…（笑）。

地場修正を行うと、その土地は**「イヤシロチ」になると言われています。**「イヤシロチ」とは一体どのようなものなのか？　ここで少し解説します。

■万物が活性化され癒されるパワースポット「イヤシロチ」

土地には、多くの方が居心地の良さを感じる「イヤシロチ（弥盛地）」と、その反対に気が滅入りやすい「ケガレチ（気枯地）」があります。イヤシロチとは生命力が盛んになる土地、ケガレチは気が枯れた土地です。イヤシロチとケガレチという言葉を作ったのは、カタカムナ人（古代日本人）です。カタカムナ人は、地形の高いところをタカミ（高身）、低いところをヒクミ（低身）に分けます。そして、四方をタカミで結んだところ（イヤシロチ）はミソギに良く、四方をヒクミで結んだところ（ケガレチ）はミソギに向かないと判断しました。

イヤシロチが現代の方にも知られるようになったのは、工学者の楢崎皐月（ならさきさつき）博士がきっかけです。楢崎博士は、満州で製鉄の仕事に携わっているときに、土地に良し悪しがあることに気がつきます。いくつかの異なる場所で小規模の溶鉱炉によって鉄を製造したところ、条件はほとんど同じであるはずなのに、生産場所によって鉄の仕上がりに激しい差が出たからです。そこで博士は、土地の良し悪しを電気的に測定できるのではないかと思いつきます。

楢崎博士は、全国の土地１２，０００箇所以上を回り、実施調査を行いました。すると、イヤシロチに分類される土地は、植物生育の優勢地で人間も健康にらせる一方、ケガレチに分類される土地は、植物生育の劣勢地域で人間にとっても不健康な土地であることがわかりました。

檜崎博士の調査によると、イヤシロチに住む家族に病人がいなかったのに対し、調べたケガレチに住む家族すべてに病人がいました。

さらに博士は、「魔の踏切」や「魔の場所」と呼ばれる場所が例外なくケガレチにあることも発見します。

イヤシロチとケガレチには、気のせいではなく、環境に明らかな差があることがわかりました。

イヤシロチとケガレチは商売にも関係します。

生命力に溢れているイヤシロチでは商売が成功しやすく、反対に生命力が枯れているケガレチにあるお店はなかなか繁盛しません。条件が悪くないのに、なぜかお店が繁盛しないという方は、ケガレチに出店している可能性があります。

家やお店を建てる場所がイヤシロチかケガレチかで、さまざまな違いが出てきます。お店を繁盛させたい方は、イヤシロチに出店するのがおすすめです。

イヤシロチは地図を見て計算することで調べられるため、ぜひ良い土地を選んでみてください。

まとめ

人々が居心地良く健康的に過ごせるイヤシロチと、なぜか気分が悪くなるケガレチというものがあります。お店を開く場合も、活気に溢れたイヤシロチを選ぶ方が、繁盛する可能性が高くなります。

これからお店を出す方や引っ越す方は、ぜひイヤシロチかどうかを考慮して選んでみてください。

■オプティマルライフＰＴＢ加工の世界！

２００８年10月に発表したＰＴＢ加工は、波動が世の中の役に立つ技術であることを証明しました。

これからお話しすることとは、独自の科学技術であり、既存の教科書や学術書などには一切掲載されていません。実は私（広瀬学）の古い友人で、このＰＴＢ加工をもう１０年以上も研究している人物Ｓ氏がいます。私も以前から、そのエネルギー技術に関しては非常に高い関心と興味を持っていました。

その友人Ｓ氏から、数年前「究極のエネルギー加工が完成した。」という電話がありました。「なにか、面白そうなものを処理してあげるから適当に選んでこちらに送って。」と言われました。

それには２つの条件がありました。

1　電気を使うもの

2　光を発生させるもの

そしてその条件に合うものを送り、加工処理をしてもらいました。その中には、今回のＰＴＢコースターも入っていました。その製品が帰ってきてオーディオ製品に使用したところ、ビックリするほど「音への変化」があり、私は衝撃を受けました。

なぜ人は「音がよくなった」と感じるのか？

推測ですが、音が聞こえるということは、空気の振動が私たちの耳に届き、鼓膜を振動させる現象です。この振動が、耳の複雑かつ巧みな構造によって神経信号に変換されます。そして神経信号が脳に伝わって音を認識します。

ＰＴＢコースターは、その神経信号に影響を与え、耳の感度を良くしてくれるものだと考えました。

つまり人間という「音を受ける側に大きな影響を及ぼしている」のではないかと考えられるのです。

音だけではなく「味覚、視覚、触覚、嗅覚」といった人間の五感すべてに影響を与えるだろうと推測しました。

「音」以外で、何か確認できる方法はないか？

ふとしたことからこのＰＴＢコースターの上に、炭酸ジュースを2分くらい置いてみました。すると、炭酸の香りや味の感じ方が違うことに気付いて、ちょっと「ベタ」な試験ですが、タバコ、アルコール類を置いて味覚試験をした結果、多くの人から、味が明らかに違うという意見をいただきました。

ＰＴＢコースターとは、光を発生させる基板に特殊な加工をすることにより、波動エネルギーが光と一緒に放出される製品です。

波動的安心空間を作ることから、オーディオ以外でも、テレビやパソコンなどでも「音がよくなった」という声を多くのお客様からいただくことができました。このＰＴＢコースターは学研が出版している『ムー』という雑誌で販売されていました。スーパー・ミステリー雑誌『ムー』２００９年12月号ｐ98ＭＵ・ＭＡＩＬ・ＯＲＤＥＲに掲載されたＰＴＢ加工の製品は爆発的大ヒット商品となりました。

なおこのＰＴＢ加工の光は、植物の育成にも大変良い影響を与えます。今から約10年前、ＰＴＢ加工を行ったＬＥＤランプを植物に当てて１週間ほど観察しました。

※次ページの写真を参照

使用後 1 週間

使用前

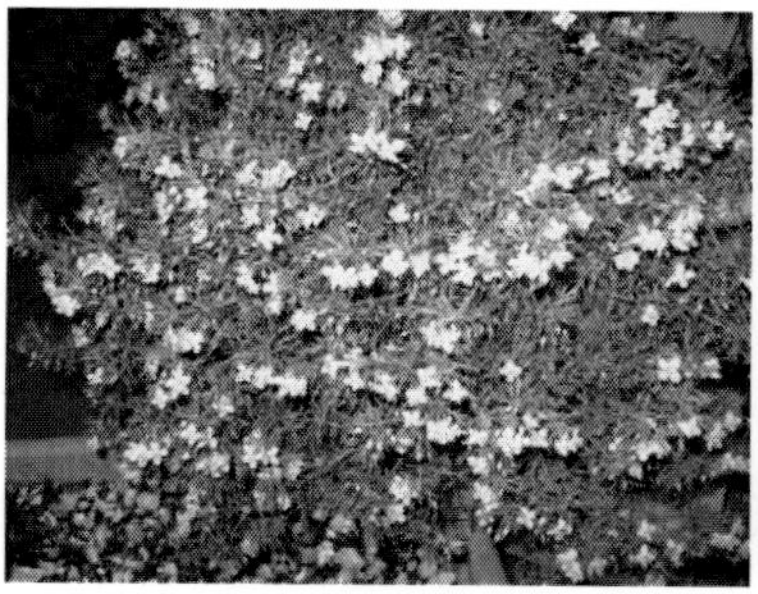

使用後 1 週間

使用前

光るコースターを植物に照射した実験
光るコースターを浴びせる前
２００７年10月５日

10月21日

前回の報告から時々水だけ与えただけなのに、すでに枯れてきた葉や茎はほとんど見当たらずこんな元気いっぱいの状況になってしまいました。試験開始時は、もう半年近く咲いていたから、このまま枯れると思い込んでいたので、驚きました…。

■友人Ｓ氏は産業用途で波動エネルギーを活用している

Ｓ氏が作ったＰＴＢ加工とは、原理ははっきりしていないが、科学的なデータが存在し再現性があるものです。

超能力、イマジネーションの概念も含む量子的な波長の世界であり、アカデミックでは認められていない技術です。

説明しても、理解されることは難しく、産業用途では、「大事な部分をブラックボックス化」して技術を提供し採用されています。

売上げは年間数億円規模。

実際に導入されている企業でも、波動エネルギーというものの実態を知る人はいません。

友人S氏が作ったPTB加工は、科学的に説明がつかない技術だからです。

■S氏の正体

私は、Ｓ氏の製品を10年以上も売り続けています。

しかし、その商品を買った人で彼の顔を見た人は誰もいません。

日本に住んでいて、男性であることは間違いありませんが、それ以上の情報は極秘事項です。

「ＧＲＥＥＥＮ」（顔を出さないアーティスト）みたいですね！　本業は歯科医にもかかわらずＣＤや音楽配信では売れ続けている音楽グループです。

私も結構好きです。

私は今まで「不思議系のテクノロジーで、すごい技術を持っている」と自称してきた人に何人も会っています。

しかし、彼のように大手の企業に採用されて、長期にわたって使われ続けている技術は、たぶん**ほとんどないと思います。**

それは、不思議系のテクノロジーでも再現性があって、データとして結果が出ているからです。

しかし、それだけではありません。

PTB加工を世の中に普及させることができたのは、彼に知恵があったからだと思っています。

自分のテクノロジーを世に普及させるためには、大きな力のある会社組織に採用されることが一番手っ取り早いからです。

しかし「すごい技術を持っている」と自称する人の多くは、

・この技術を大企業に提供すると、技術が盗まれてしまう。
・よいものは世間が理解して、少しずつ普及していく。
・素晴らしいテクノロジーはいずれマスコミに報道される。

とか勘違いをして、いつまでたっても普及しないことがほとんどです。

ややもすると「すごい技術」ということも眉唾で、「本当に企業に採用されるほどの技術なのか、テストを重ねて検証して結果が出ているのか」疑問だったりします。


しかし、S氏はその企業の専門家（研究者）をも手玉に取る、食えない男なのです。

S氏が作る製品は、データと科学的根拠が一致せず整合性が取れないことが結構あります。


こういう奇妙なことが起こると、専門家は、必死にその理由を科学的に追求し解釈できるよう原因を探ろうとします。

しかし、原因をどう探ろうが「不思議系のテクノロジー」は科学的に解明できません。

説明がつかないものを説明するのが一番大変なのです。

だから、開発者（S氏）は、科学的な説明がつくような成分をわざと入れたりします。

そのときに彼は、「いやこの液体に入っている、この成分が、触媒機能をはたして、このような実験結果が出たのだと思いますよ」と、わざと嘘をつきます。

そうすると、専門家は「うん、そうか、それなら理解できる」と納得してしまうそうです。

専門家に「**波動エネルギーが植物の育成を促している**」みたいなことを言った

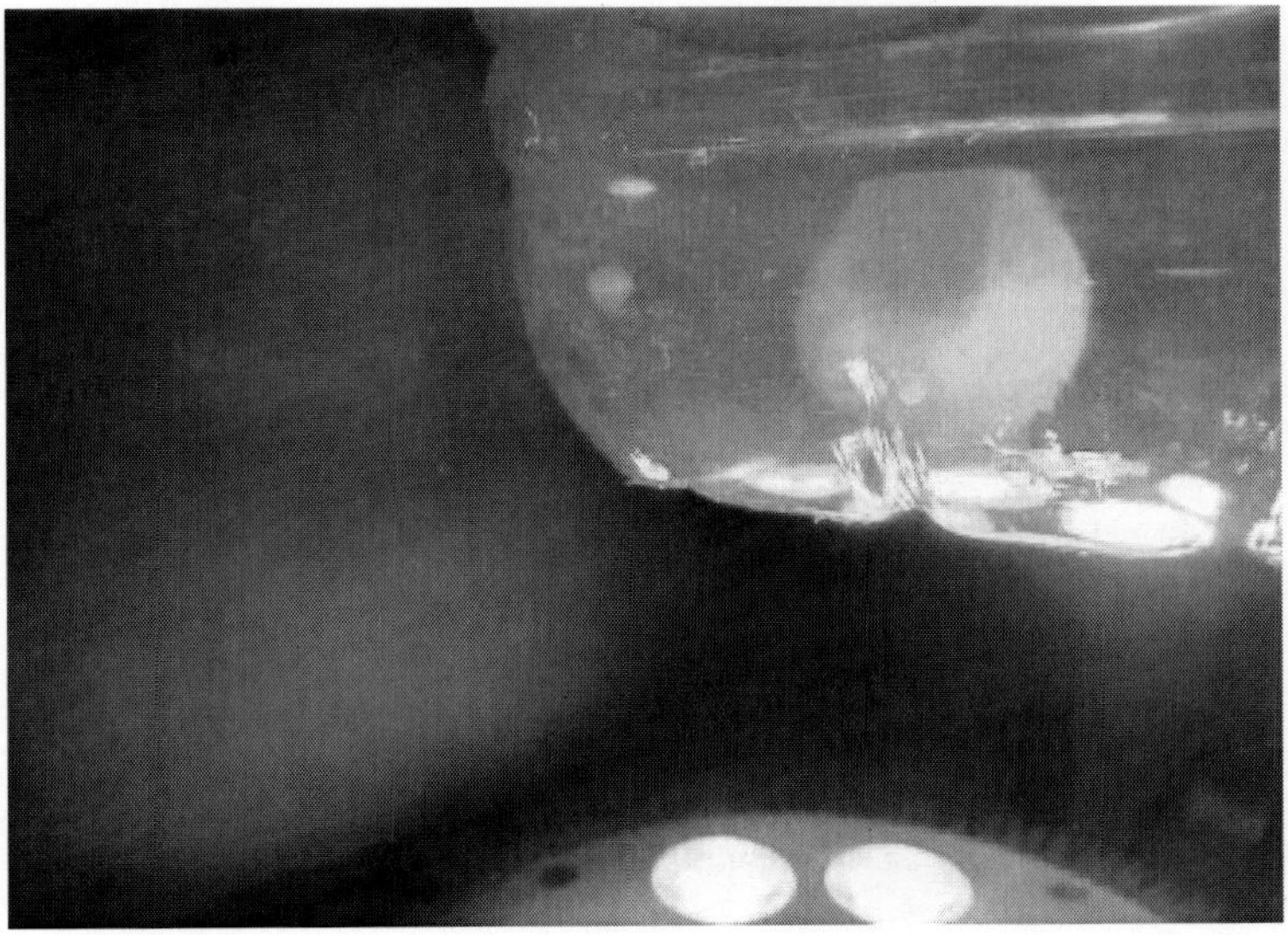

ら納得してくれません。

だから、本当の原理を理解している人は、私のブログを読んでいてくれている方だけなのです。

■超微細ミネラル水の奇跡

S氏はPTB加工製品を販売してから約10年後、摩訶不思議な液体、超微細ミネラル水を開発しました。特殊なエネルギーが出る液体です。

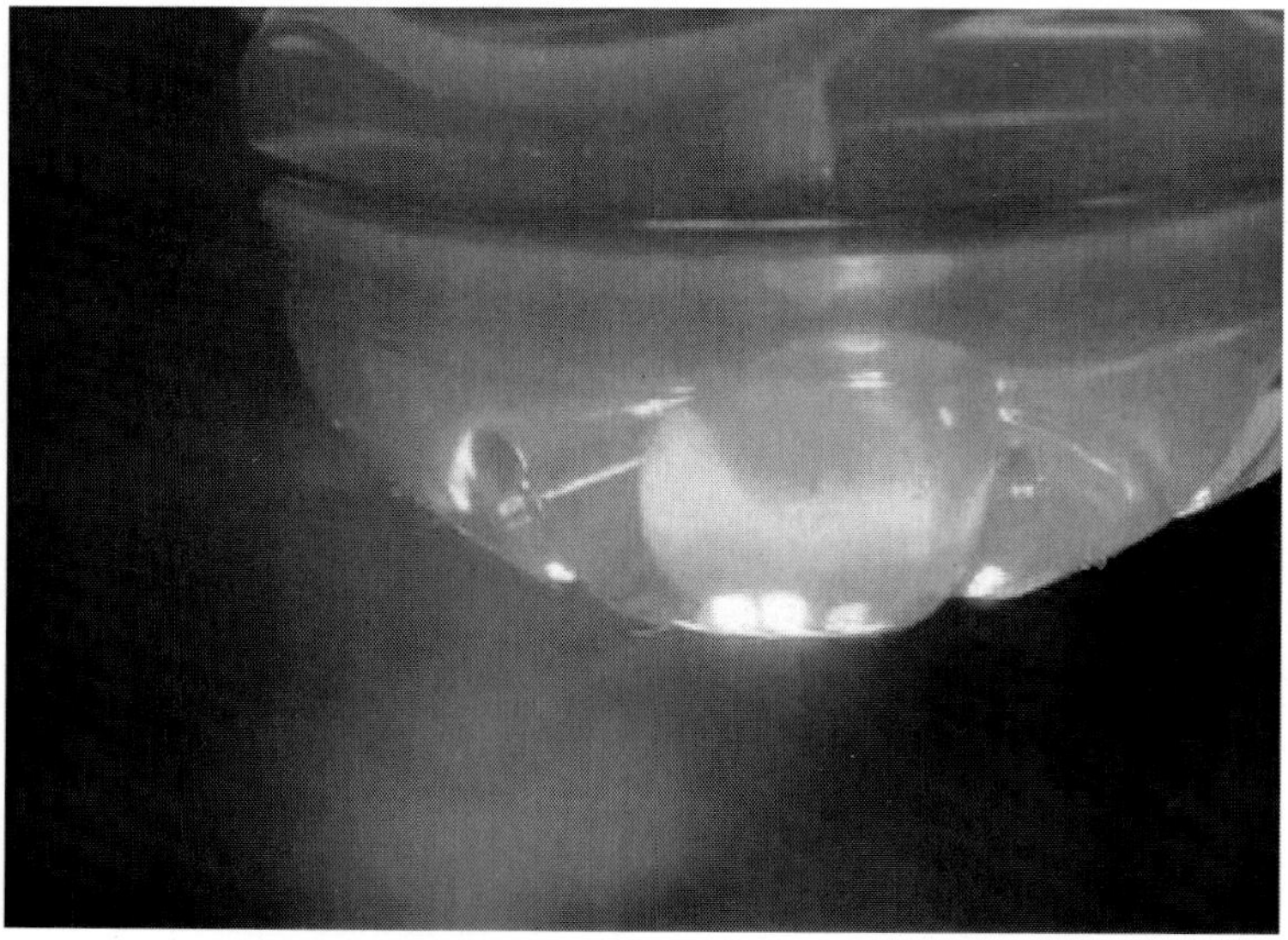

しかし、特殊なエネルギーが出ることよりも、さらに驚いたことがあります。

それは生命の誕生です。

S氏とのメール

「謎の生命体誕生」
未開封の容器でクラゲのような生命体が突如発生！
菌は入れていない。むしろ殺菌し

た。
100℃で4時間煮沸消毒pH2・0。
生命が誕生することは通常考えられない。

広瀬
写真を見て頭の中がパニックになったよ。

S氏
川田薫先生の著書『生命誕生の真実』は読んだことあるけどまさか自分のところで…。

広瀬
そうかもしれないけど、普通細胞って顕微鏡を使わないと見られないんでしょう？
まさか生命体が肉眼で見えてしまうとは…。

S氏
顕微鏡でも確認した。「生命体前駆物質」と呼ばれるものだと思う。
これ以上詳しくは言えないが、生命体ができる条件としてソマチッド、ケイ素がかなり関係していると考えている。

広瀬
ある意味、STAP細胞よりすごいのかも…(笑)。
この生命体は、ブログだから公開できるけど、もっとアカデミックなところに持っていくと、国家機密レベルで封印されるかも…(笑)。
あなたならSTAP細胞すらできちゃうんじゃない…。

S氏
それはちょっと大袈裟かも…。
でもＳＴＡＰ細胞とか、そういうところだけに時間をとられても
一銭の金にもならないから時間の無駄だよ！

■超微細ミネラル水から放出される波動エネルギーで魚の向きが変わる

水槽に魚が泳いでいます。

水槽の隣に超微細ミネラル水の原液を置きます。
魚（メダカ）はどんどん超微細ミネラル水の方にふわふわと集まってきた。
ほとんどの魚（メダカ）が超微細ミネラル水の原液の方に向いていています。

自然の摂理で作られた超微細ミネラル水の原液の「やさしい波長」が魚をひきつけているとしか思えません。

低水温で腹が大きいからあまり動かない魚（メダカ）の外に超微細ミネラル水の原液を置いたら全員ミネラル水の方を向いた！

水流とは90度向きが違う。

この写真を見ても、ピンと来ない人はピンと来ないと思います

が、私は「これはちょっとすごいかも」と思いました。

■超微細ミネラル水…ちょっと普通では考えられない摩訶不思議な液体

しかし、この製品の「素晴らしさを理解できる人」は1％いないかもしれません。

なぜならば**「人は権威がなければ信用しない」**からです。

『ネイチャー』『サイエンス』などの学術雑誌に掲載される。ノーベル賞を受賞して、マスコミにめったやたらに取り上げられる。

そうなって始めて人は「**これすごいんだな！**」と気が付きます。

S氏は、それを承知で実験結果を送ってきます。

だって**PTB加工**は、裏の世界の技術ですから！

ただし、私がいくらすごいと宣伝しても、データや写真がなけれ

ば、信用することはできないと思います。

これからちょっと面白い写真を公開します。

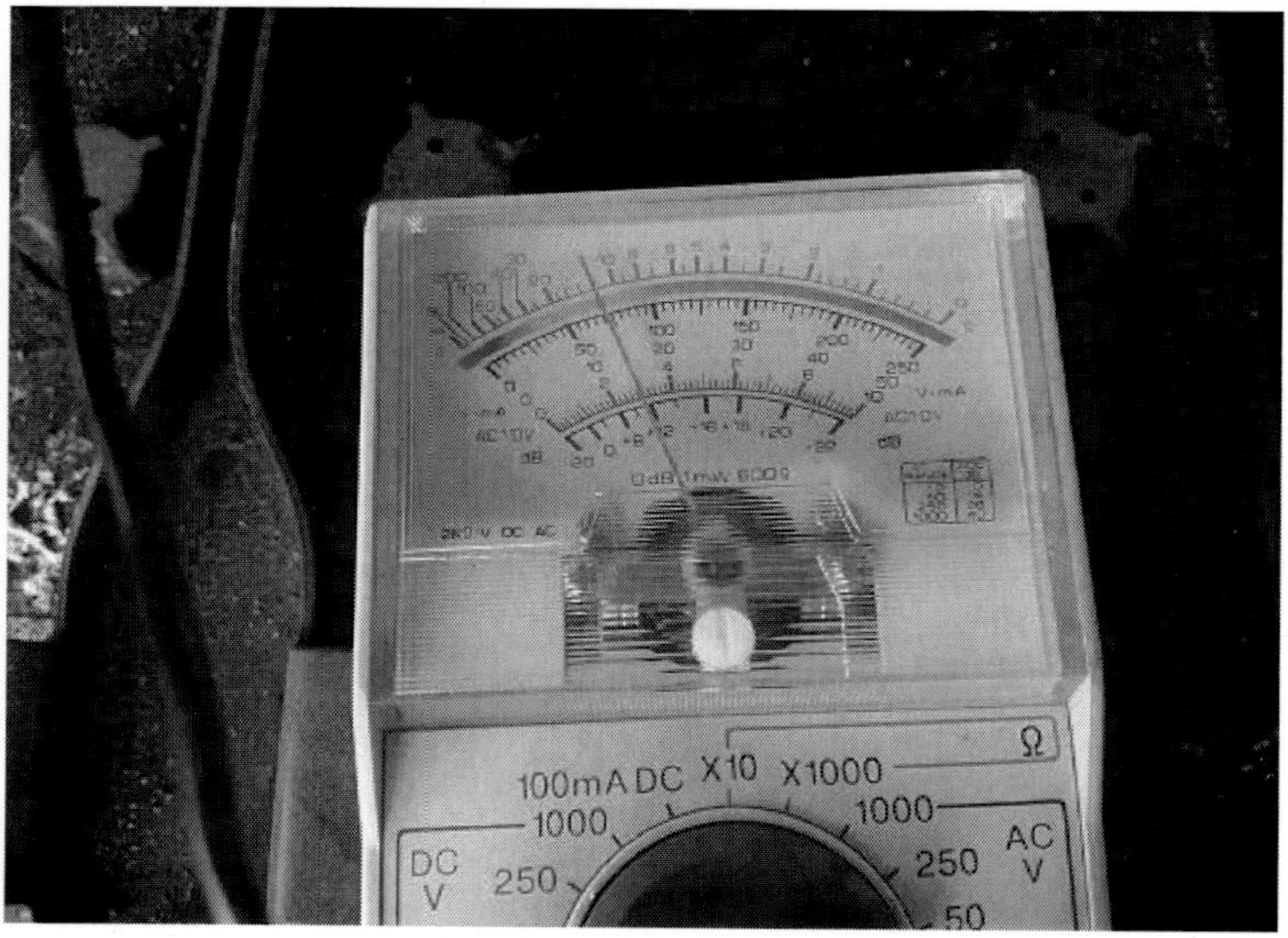

■超微細ミネラル水を使ったバッテリーの実験

12Ｖのバッテリー測定で14Ｖを指している。

超高濃度の超微細ミネラル水を飲用レベルまで希釈した液体をたった１㎖添加しました。

希釈液を入れた瞬間に16Ｖに上昇。

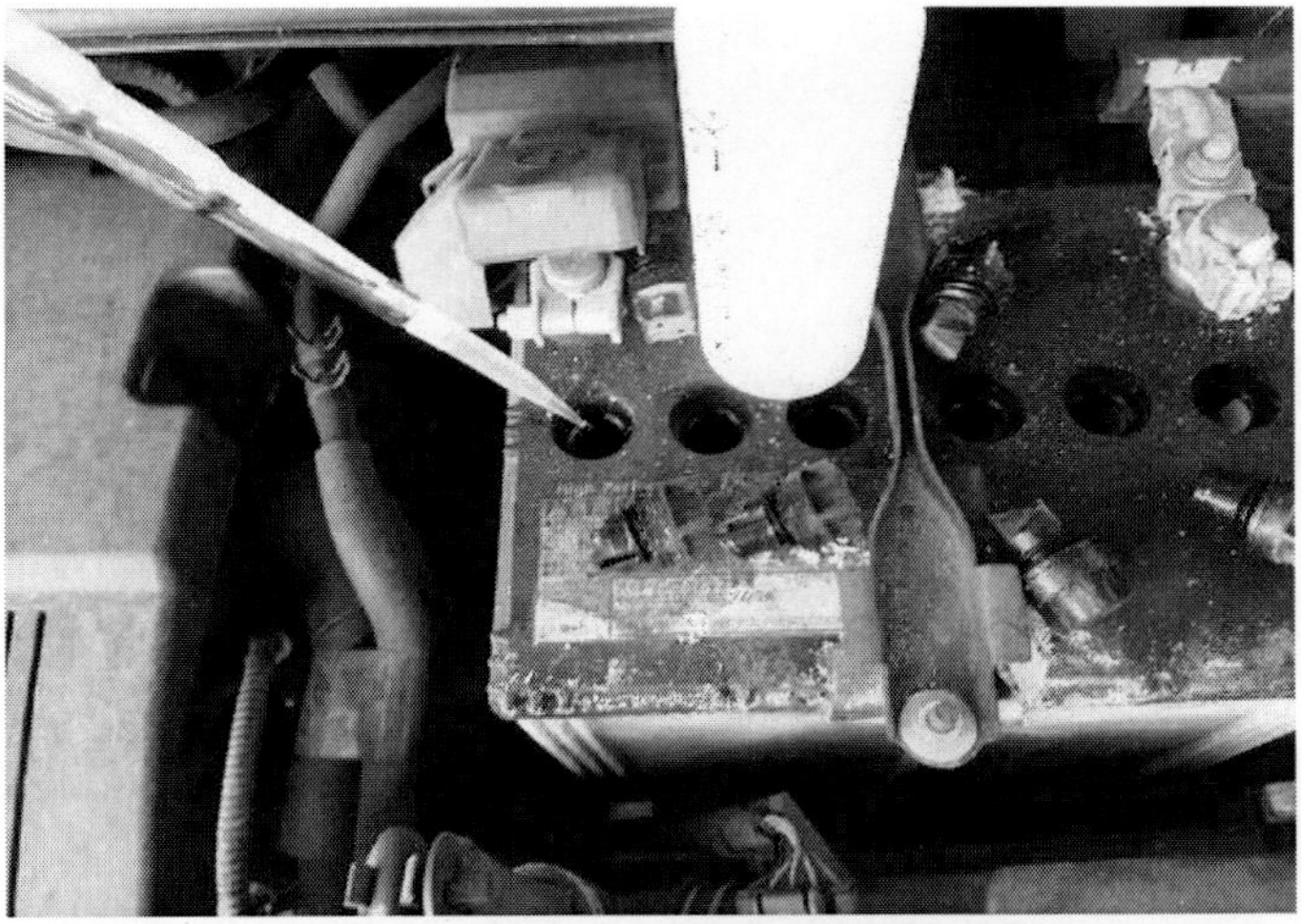

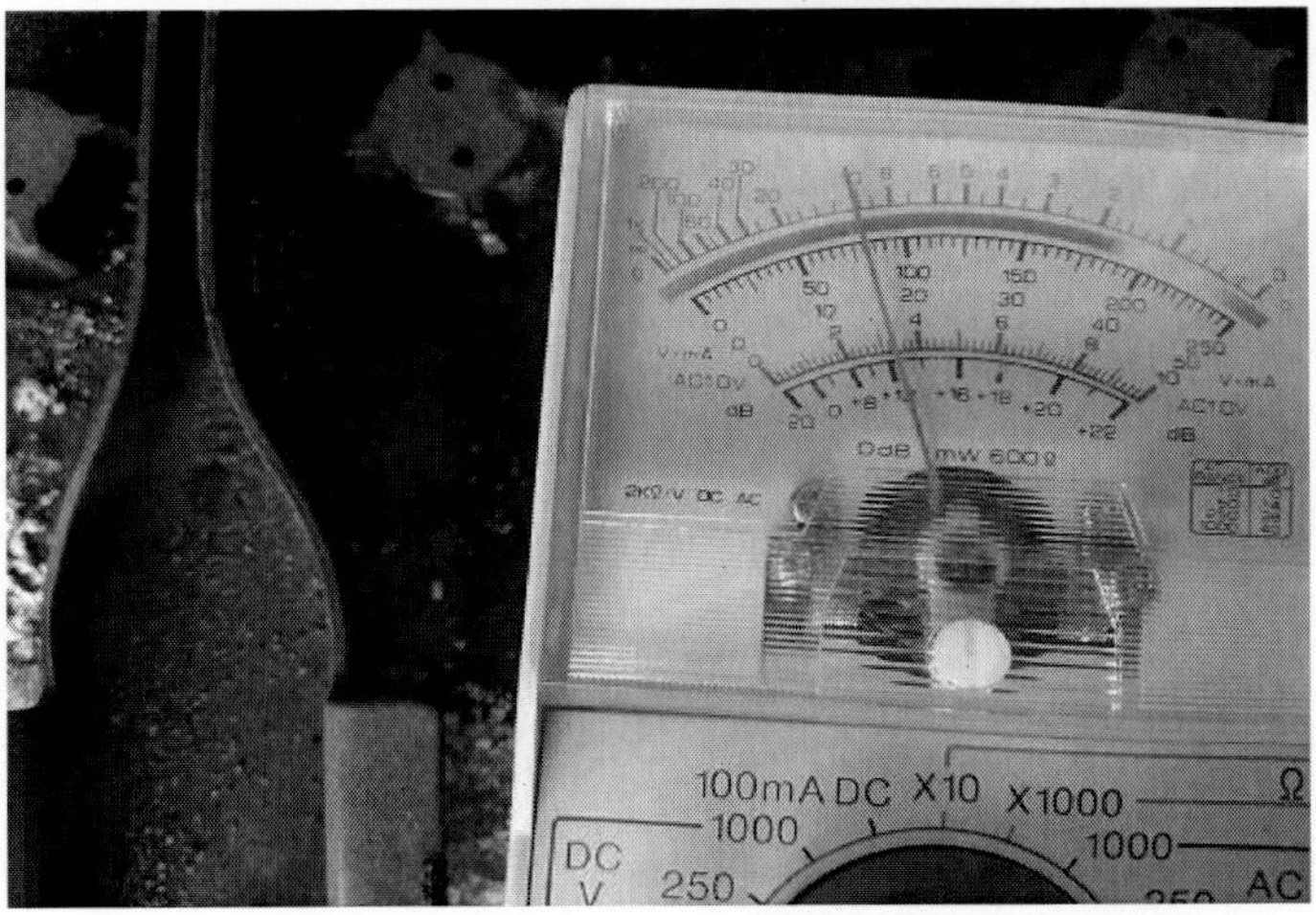
100mA DC X10 X1000
Ω
1000
DC V
250
1000
AC

S氏はLINEで一言。「これはヤバいっす」

そして、1時間で元の14Vに戻った。

本当は、バッテリーの電圧が上昇し続けることはよいことではありません。16Vのままだと、かえってバッテリーの寿命は短くなることもあるのです。

広瀬「どうしてこうなるの」
S氏「………。言わない方がいいよ。よくわかっていない人たちからツッコミ入れられるだけだから」
広瀬「了解！」

■地震予知ができるS氏。私はこっそり参考にしている

昨年9月26日のブログ、メルマガ…。

追伸

22世紀の美入浴液やフルソマk‐22開発者S氏から地震予知LINEが届きました。

初めて公開します。

100％ではありませんが結構当たること多いので！

今後は公開したいと思いますが…(悩)。

これって昨日2017年9月26日夕方18時頃電話でS氏と打ち合わせしているときに突然S氏が、

「お～予兆が来た…これは地震だ！」と言い出しました。予兆が来ただけだと、方角や地震の大きさはわからないらしいのでその後少し自問自答して考えるようです。

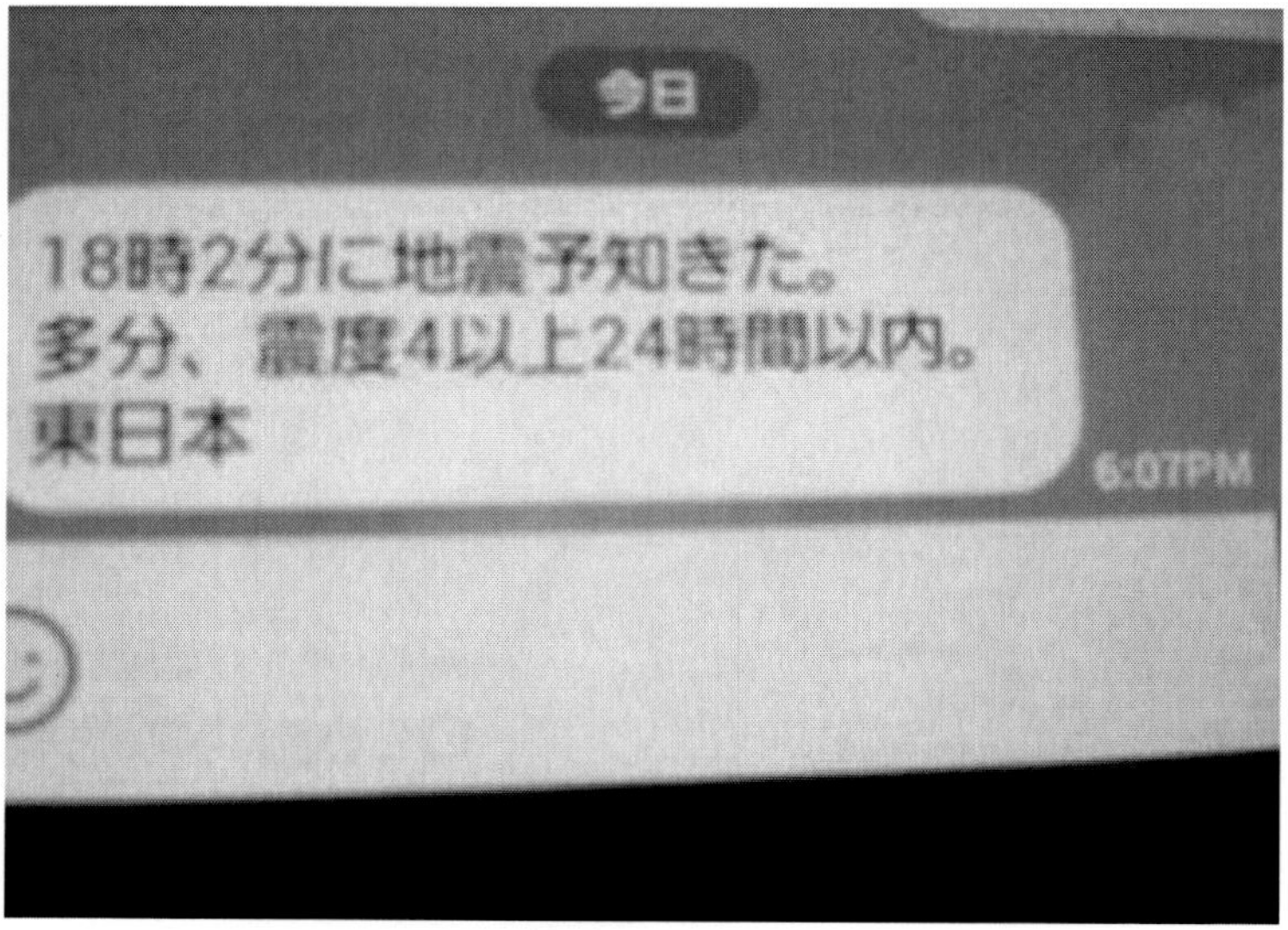

その数分後ＬＩＮＥが来たのです。

震度４以上
東日本
24時間以内

私は漠然と「イヤだなぁ～関東かも」と思ってしまいました。

朝起きて何もなかったのでどつかで地震があったのかなと気象庁のＨＰで地震を調べました。

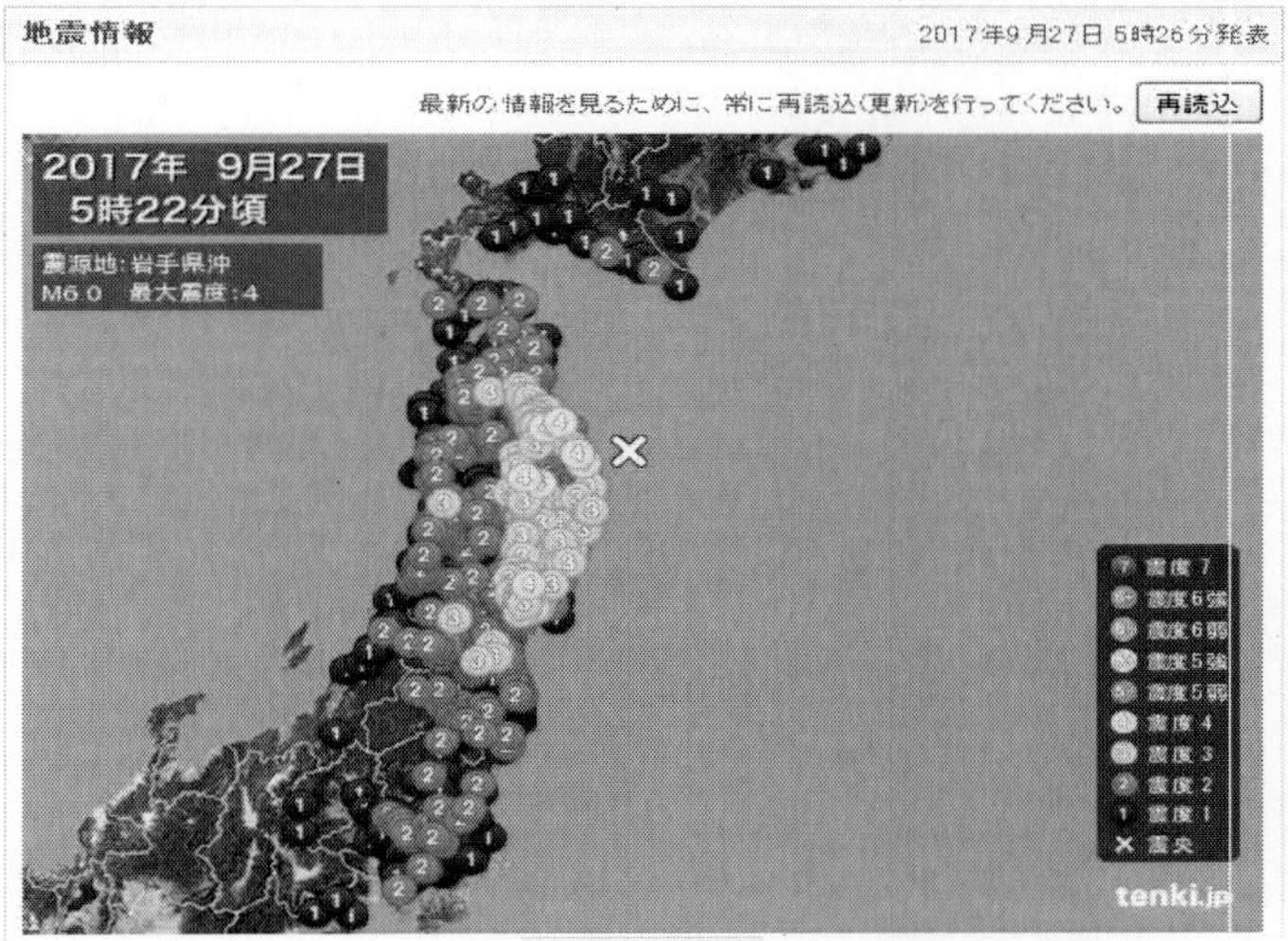

http://www.tenki.jp/bousai/earthquake/

「２０１７年９月27日５時26分発表」

見た瞬間に「また当たっている」ということがしょっちゅうあるので私自身は驚かないのですが、ブログやメルマガで公表してしまった以上多少の責任は感じていました。

今後このようなことを公表するかは微妙です。

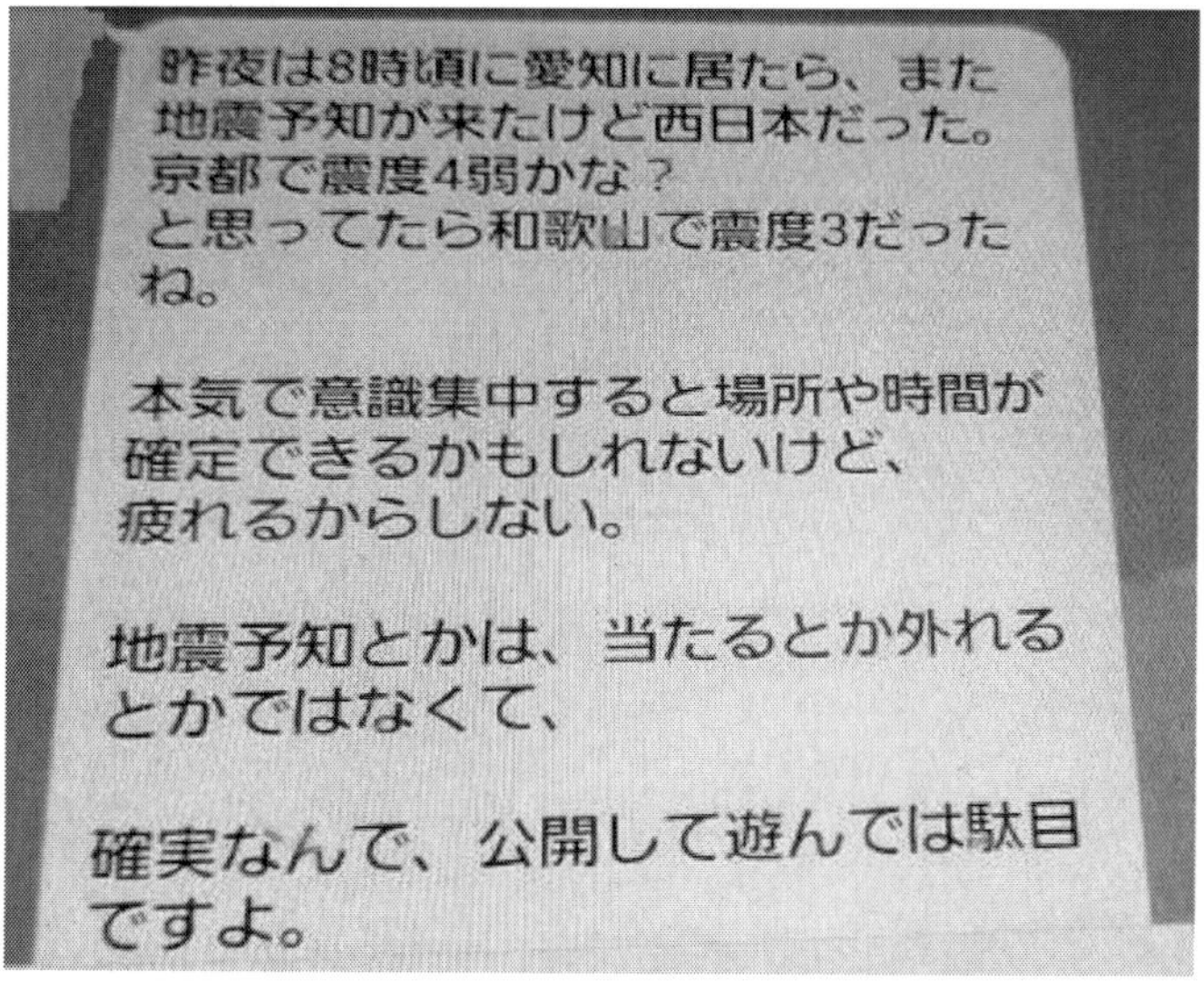
昨夜は8時頃に愛知に居たら、また
地震予知が来たけど西日本だった。
京都で震度4弱かな？
と思ってたら和歌山で震度3だった
ね。
本気で意識集中すると場所や時間が
確定できるかもしれないけど、
疲れるからしない。
地震予知とかは、当たるとか外れる
とかではなくて、
確実なんで、公開して遊んでは駄目
ですよ。

S氏からのLINE

関東に来なかったとしても東北には来ているわけで「よかった」と思っている場合じゃないですね。

南海トラフ沖地震では予知を前提とした地震対策を見直すというニュースを見ました。

南海トラフ「予知前提」見直し、新たな情報提供方法の検討開始。

最悪で20万人以上も人が亡くなるという予測もあるそうですからうかつなことは言えないと感じています。

■意識で光を曲げる製品　スーパー量子備長炭

S氏は、スーパー量子備長炭ＵｌｔｉｍａｔｅとＵ青い光を発するＬＥＤを使って青い光が曲がる映像を撮ることに成功しました。

撮影したカメラは自分のスマートフォンです。

「光が曲がる」映像を送られてきたとき、あまりにも突拍子もない出来事で、あっけにとられてしまいました。

早速S氏に連絡をとり

「中国の気功師ならこういうことは可能なのかな?」

と質問すると

「この実験は意識の力で量子と光を動かすことだから、気功とか波動とかとは少し違う分野なのかもしれない。でも私ができるということは、他にできる人は絶対にいると思うよ!」

と言っていました。

スーパー量子備長炭Ultimateは触媒だとS氏は言います。

「触媒だから意識の力に化学反応するんだ。」

もし自分で実験するときは、4つに囲った中に自分が入って瞑想してみるとよいらしいです。

「瞑想とは意識と量子の同化」という概念から来ているものです。

私たちの身体も所詮は量子の集合体ですから！

アインシュタインは「重力で光が曲がる」と言っていたけれどもSさんにそんな重力があるとは思わないけどな？

何度も一緒にメシ食べに行ったりしているけど、別に吸いつけられたことないし！

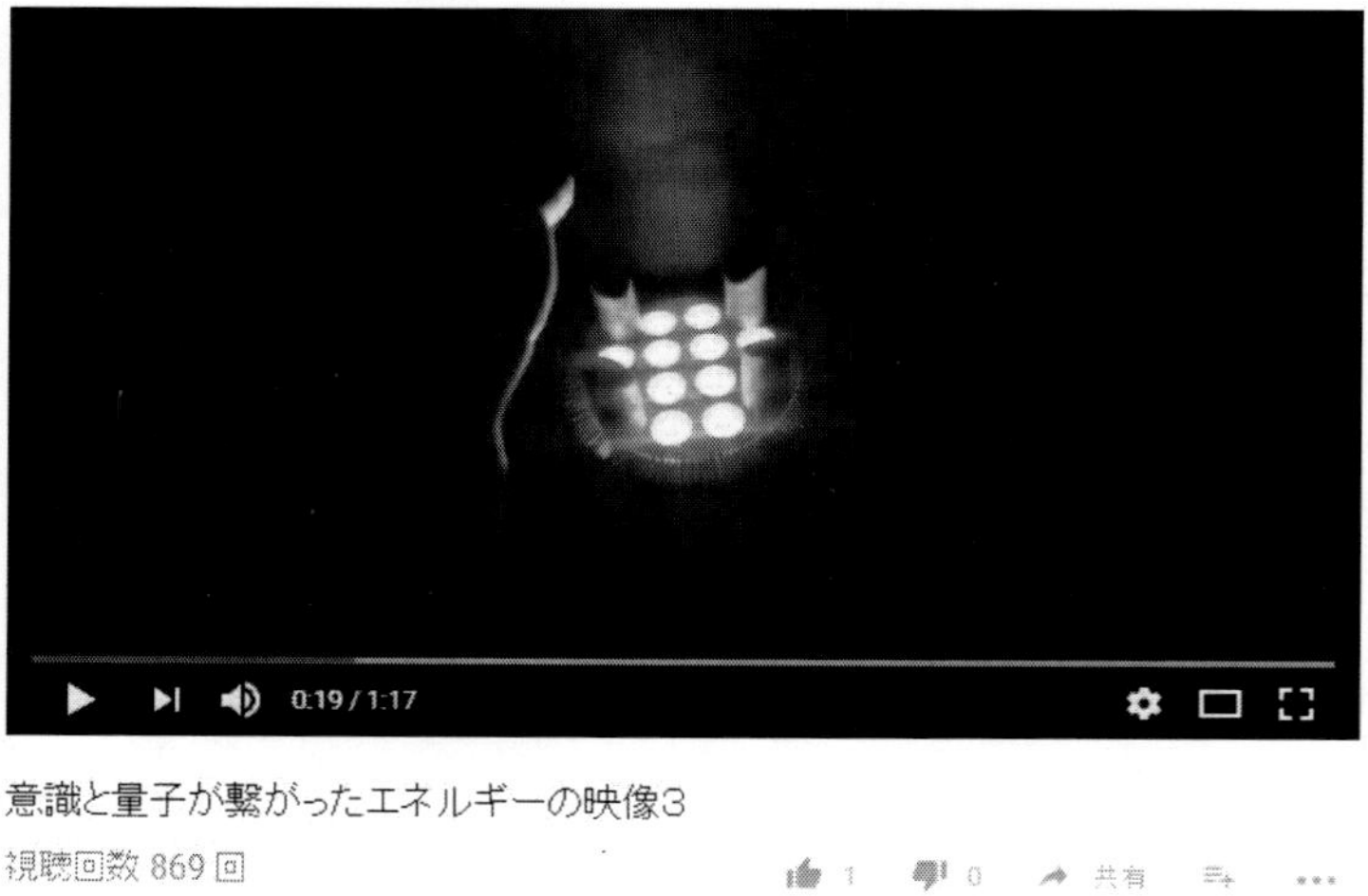

うーむ。なぜ光が曲がり揺れる。
意味がわからない！

S氏も「なぜそうなるのかは自分でもわからない」と言っていました。

映像はユーチューブをご覧ください。

全く盛っていない無加工の映像です。

http://optimal-audio.com/

トップページに映像が出てきます。

Ｓ氏いわく１００発１００中でいつでもできるわけではなく何回か失敗して１回成功しているとのことです。

私は何十回もチャレンジしているのですが、一度も成功したことはありません。

いつも、スマートフォンのＬＩＮＥで映像を送ってくるため、あまり容量の大きなものは送ることはできないとのこと(笑)。

■波動エネルギーを映像化したＳ氏

「波動エネルギーは見えない。」これは普通のことです。

気功家が**「今から気を出します」**と言って実演しても、気のエネルギーが見える人はほとんどいないと想像します。

Ｓ氏は、エナジーバタフライという製品を使って「波動エネルギー」をスマートフォンで撮影することに成功しました。

「エナジーバタフライ　気・オーラの撮影成功　指先から気が」

https://www.youtube.com/watch?v=nBaDS1HYW1A」

先日波動や気を扱うある専門家に、Ｓ氏が撮影した動画を見てもらいました。

「これで波動というものが、科学的な物理現象と同じようにデータや映像で可視化できたのではないかと思うのです」

と説明すると…。

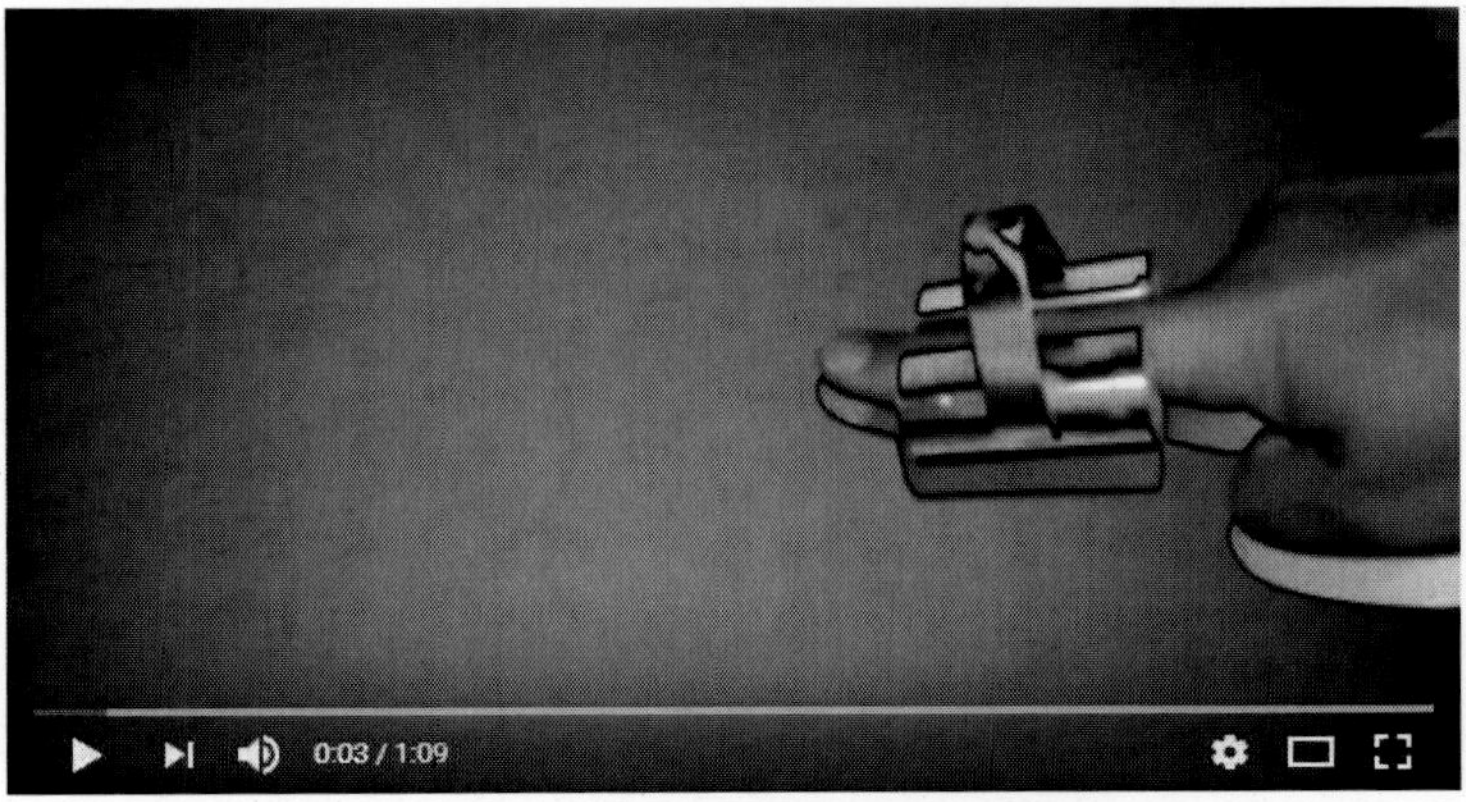

エナジーバタフライ 気・オーラの撮影成功 指先から気が
視聴回数 808 回

意外にもピンと来なかったようです。

私は拍子抜けしてしまいました。

そのときに見てもらったのが上の映像です。

しかし、あとになって冷静に考えると「あ、そうか、そういうことか」という結論が出ました。

「波動や気というものを一番懐疑的に見ているのは専門家なんだ！」

「波動や気」というものは見えない

から、いろいろな想像を働かせられるわけですね。
ある意味好き勝手なことが言えるわけです。
だから本当は見ることができたらまずいものなのかもしれません。

■これらの科学は生命科学～自然のメカニズムを理解し、応用する～

私にとって一般財団法人テネモス国際環境研究会の故・飯島秀行さんとの出会いは衝撃でした。なぜかと言うと、私の自宅がテネモスの本部から歩いて3分のところにあったからです。

テネモスとお付き合いするきっかけは駅の近くに「自然石鹸販売中」という「幟の旗」があったことでした。ものめずらしげに、ふらっと立ち寄ったというのがきっかけでした。

そのとき、テネモスの社長から、あまりにも奇妙なものを見せられて驚いてしまいました。

蓄電池も乾電池も使っていないのに、電極版を水につけただけでモーターが回りだし、プロペラが回転したのです。

私はその様子をスマホで撮影してYouTubeにアップしました。

映像は本では紹介できませんので「水でプロペラが回る

（テネモス）」とネットで検索してください。
（私の声が入っていますよね…。）

テネモスグループでは、自然から学び、自然のメカニズムを理解し、現在の学問や常識では説明できない事象を具現化、実践しています。

その考え方にすっかり賛同してしまった私は、自然界の仕組みから発想を得て作った空気清浄機（ニューエアードリーム）を２０１１年から販売を始めました。

この空気清浄機の特徴は、森林の中にいるような環境を作ることでした。

木々が密集した森の内部は、外部と遮断され高圧な状態となっています。
自然界には、常温常圧に定めようとする法則が働いています。

森林は、木々や植物で覆われていて、風により常に振動しているので、森の外よりも、高圧状態となるのです。そのため、大気中のエネルギーを多く取り込んで（吸引して）います。

空気清浄機の原理

1　ポンプで本体（圧力変換機）に圧縮した空気を送り込みます。

2　本体（圧力変換機）の内部は、さらに高圧がかかる仕組みとなっています。酸素に高圧がかかることで、空気がミクロな状態になります。

3　下についている突起物より、ミクロな酸素の多い状態の空気が排出されます。

現在では製造中止となっていますが、私は今でもニューエアードリームを使用し続けています。

■テネモスとベルヌーイの定理

昔私が勤めていた会社の上司は、東京都立航空工業高等専門学校を卒業した方でした。

そのとき上司から

「広瀬君、飛行機の原理はまだよくわかっていない部分がたくさんあるし、実は安全率を考えると、とても平常心で安心して乗れるものじゃないんだ」

という話を聞かされたことがあります。

仕事の関係で、やむを得ず何度も飛行機にはたくさん乗りましたが、飛行機に乗るときはいつもその話を思い出し、ちょっと怖い思いをしていました。

私は文系の人間ですから、物理学など高校程度の知識しかありません。

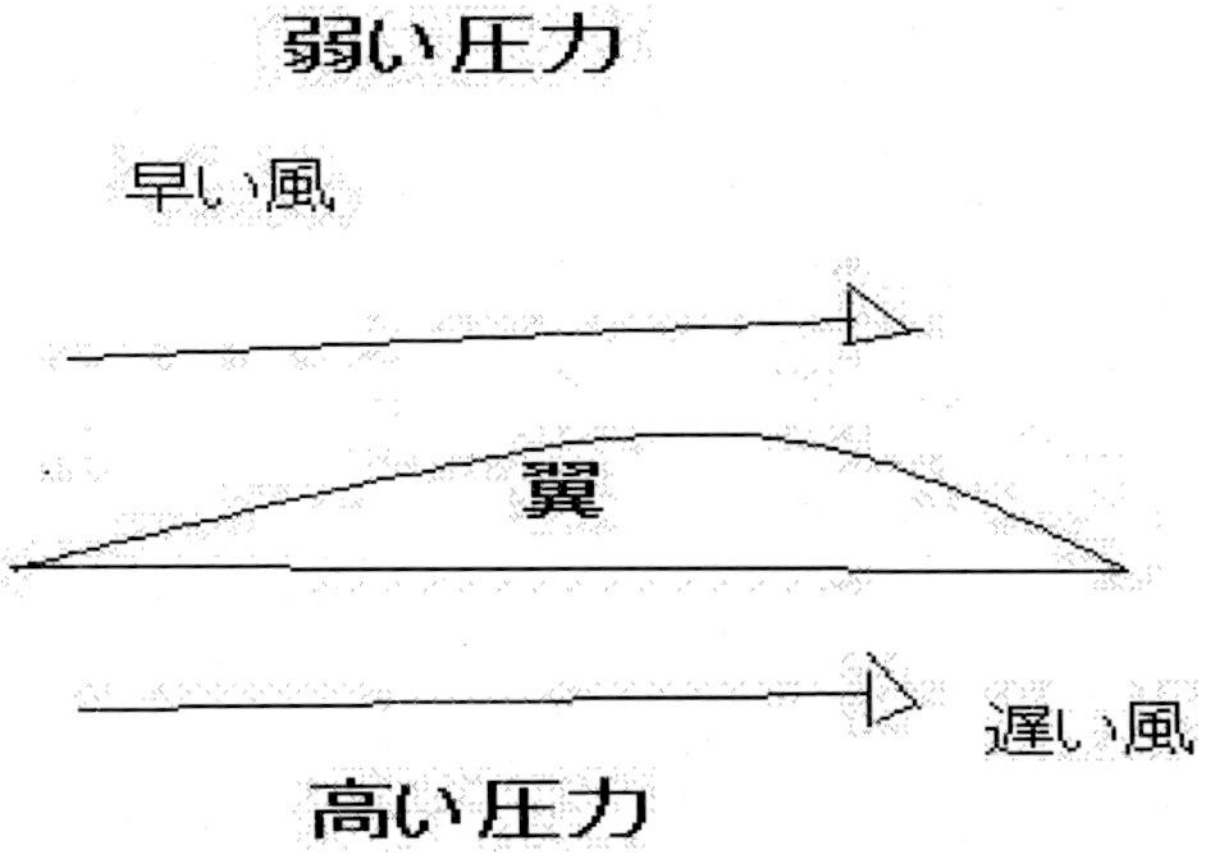

そんな中テネモスさんに出会い、飛行機というものがますます意味がわからなくなりました。

飛行機がどのような原理で飛んでいるのか。確か高校の物理の授業ではこう習ったはずです。

飛行機の翼の断面形は、上面の緩やかなカーブと下面の平らなラインで構成されています。翼の上面はカーブしているので、下面より長くなっています。

翼の前方で上面と下面へと2つに分かれた風は、同じ時間をかけて翼の表面を通過し、後方で同時に合流します。翼上面はカーブした分、下面より長いのですから、翼上面を流れる風は、より長い距離を速いスピードで流れなければなりません。

「水や空気のような流体は、流速が速くなるにしたがって圧力が低くなる」という「ベルヌーイの定理」として知られる空気の性質によって、翼上面を高速で流れる風の圧力は低下します。

こうして生じた圧力の差は、圧力の高い下方から圧力の低い上方へと翼を引き上げます。

これが揚力を生み出す仕組みです。

俗に言う「ベルヌーイの定理」です。

しかし、テネモスの故・飯島秀行さんが作った飛行機はこの理論とは異なるものでした。

飯島さんの理論で作った飛行機は、エンジンの振動を翼に伝え、空気のクラスターを小さな状態にしながら飛ぶ飛行機らしいです。

だから、空中で止まっていられるとのことです。
この理論は、気球が空を飛ぶときの理論と全く同じだそうです。

気球はガスバーナーで空気を暖めて、空に浮くものです。

空気は暖めると軽くなりますから、そうすると浮力が生まれ空に舞い上がります。そこまでは一般的な科学です。

しかし、テネモスの理論では、「気球内の暖めた空気はクラスターが細かくなっているので、空気中のクラスターが細かくなっている層と同調してその高さまで舞い上がっていくのだ」というものでした。

そのクラスターの原理を利用して飛行機を作ると、映像のような動きになるそうなのです。

（注・映像はネットで「飯島式ラジコン飛行機2」と検索してＹｏｕＴｕｂｅでご覧ください。）

「？？？？？？？？」

その話を聞いた瞬間、「そんなことは授業で教わったことはないよ」という強い衝撃が走りました。

しかし、実際の映像を見せられると、確かに納得してしまうのです。

本当に「ＵＦＯ」みたいな動きをするわけですから。

・飛行機は空中で停止すると揚力を失い失速し墜落する。
・飛行機には飛んでいられる最低速度がある。

右記の2つの理論と合致しないテネモスの理論は「常識では理解できない」と思いました。

このことを可能にする原理はただひとつ、
「きめの細かさ＝クラスターを小さくする」ということらしいのです。
私には意味がよくわかりませんでした。

■テネモスと見えないエネルギー

テネモスの理論は、まさに自然科学そのものだと思っています。
自然科学でもっとも有名な人物は、アイザック・ニュートンかもしれません。

私が高校のときに物理の授業で「木からリンゴが落ちるのに、なぜ月は地球に落ちてこないのだろう」とニュートンは考えて、万有引力の法則を発見した。と教わった記憶があります。

なぜ、重力の話を引き合いに出すのかと言えば、

「重力なんて、生命が誕生する前から存在していたのに、その事象に気が付くまでには、長い道のりをへている」からです。

このことは、科学というものの盲点なのだと思っています。

なぜならば、当たり前のように存在するものほど、人は気が付きにくいからです。

これからお話しすることは、テネモスの技術の核心部分、つまり

「見えないエネルギー」についてです。

ここで話はタカダイオン電子治療器に飛びます。

タカダイオン電子治療器とは弊社で販売している、電子治療器です。あまり有名ではないかもしれませんが「知る人ぞ知る」名機だと思っています。

しかし、その原理はとても古く戦前には開発されていました。

私が懇意にしていた故・広藤道男医学博士は、開発者である高田蒔先生のお弟子さんでした。

広島県出身の広藤先生は、原爆と投下により家族を亡くされています。

その後広島の病院に勤務するようになり高田蒔博士の勧めもあり原爆症の治療にタカダイオン治療器を使ったそうです。

原爆病は、なにせ、世界で始めて原爆が投下されたあとに起こった病気ですから、治療法など確立されているわけがありません。

たぶん手探り状態で使用したのだと思います。

原爆の患者さんの特徴は一人でたくさんの症状があり、まるで病気のデパートのようだったそうです。

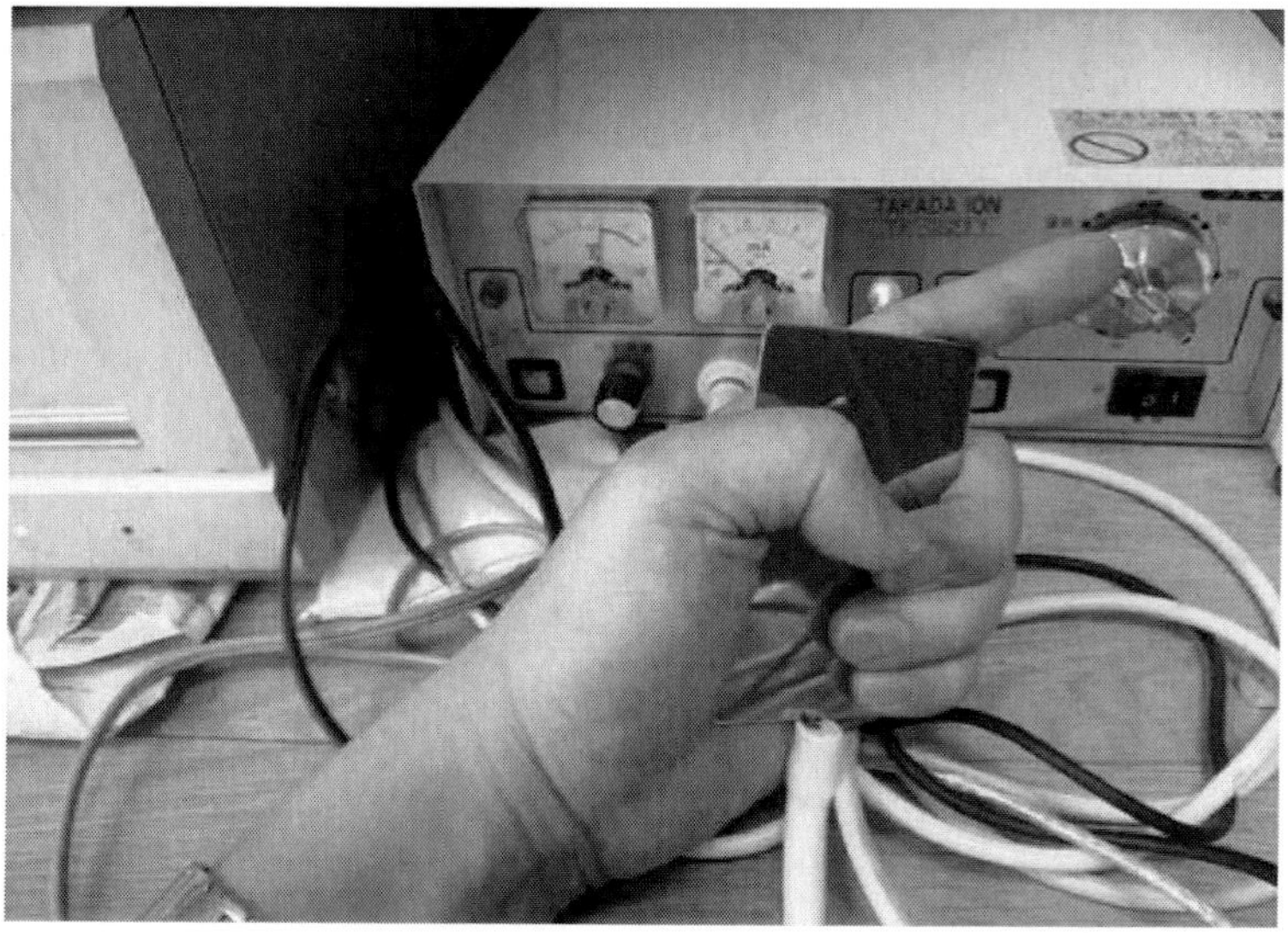

特効薬のない中で治療器にかかってもらうと非常に効果があったようです。

私も広藤先生から当時の様子を何度か聞かされています。

そういう意味で言うと、タカダイオン電子治療器は時代の生き証人ですね。

タカダイオン電子治療器は３００Ｖの電子負荷をかけるものです。しかし、３００Ｖの電圧をかけているにもかかわらず、体内に電流は流れていません。

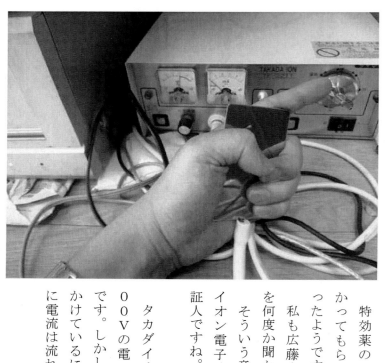

電極版を握っているのは私の手です。左が電圧計で右が電流計です。電圧計は３００Ｖ、電流計は０ｍＡとなっています。

そして、この状態で電極板を握り続けることが実際の治療となります。目安は１日30分～１時間。

■タカダイオン開発過程

タカダイオン電子治療器を開発した方は高田蒔先生と言います。博士は東北大学卒業後、１９２１年からドイツに留学帰国後、岳父の病院の副院長として勤務中に、消毒液（紅いフクシン液が混入している昇汞液）に石鹸のついた手を入れると、消毒液の紅い色が瞬時に青色になったという経緯から、１９２５年に肝機能検査法（血清高田反応）を発明しました。

これを定量的にしたのが血清架数反応です。

この功績で、日本人として初めてアメリカ医学アカデミーの正会員に推挙された国際的に著名な生化学者となりました。

■太陽の黒点活動が人体の血清（架数反応値）に影響を与える

研究を進めていくうちに高田博士は、血清架数反応は激しく変化することを発見します。

そして、その変化は、太陽の黒点活動が地上に照射する電離線（太陽の放射線）の変化が人体の血清に影響を与えていることを突き止めました。

さらに、実験的に放射線を与えるなどして、血清架数反応の変化を調べた結果、放射線の変化と体内に発生する電子量の変化に密接な関係があることがわかりました。

このことにより、タカダイオン電子治療器が発明されたのです。

その中でも私が一番影響を受けたものは、故・広藤道男医学博士の著書『電子負荷療法の実際とメカニズム』に掲載されている「ヤリイカの神経細胞実験」でした。

ヤリイカの神経細胞だけを取り出し、人工の海水の中に入れる。

このときヤリイカの神経細胞は興奮状態になっているが、タカダイオン電子治療器で治療を受けた人の血液を採って水槽内に入れると、興奮していた神経細胞が元に戻るということが記載されていました。

「え、どういう仕組み？」と考えても全く理解できませんでした。

そして、私にはどうしても解けないもうひとつの疑問が残っていました。

その疑問とは「なぜ３００Ｖの電圧をかけ電流が流れないのに、人体に対してマイナスの電子ｅ－（マイナス）は取り込まれるのか？」というものでした。

ｅ－（マイナス）が体内に入っていくと、体内でさまざまな生理現象が起こることは、臨床実験等で解明されていますが、負荷をかけるとｅ－（マイナス）が体内に入っていくという現象そのものの理屈は、実はまだよくわかっていないみたいなのです。

広藤先生に直接そのことを尋ねてもよくわからないという回答でありました。

これは物理現象には、よくある話で「なぜ重力はあるの」という回答を正しく答えられる人はいないはずです。

つまり「**あるからある。**」

私もずっとそのことを考えていたのですが、やはりよくわからないままでした。

しかし、テネモスの故・飯島さんに出会い、やっとその意味が理解できるようになった気がしたのです。

その意味とは
「圧力をかけると見えないエネルギーが増幅する」というものでした。
そして、見えないエネルギーは重力と同じように、この宇宙にも地球上にも常に存在するというものです。

その圧力とは、何でもいいのです。
「水圧　空気圧　電圧」など、圧力をかけることにより、普段はごく微細である「見えないエネルギーが増幅し、物理現象として現れる」というものです。

この理屈を当てはめると、私が今まで疑問に思ってきた「見えないエネルギーの正体」が自分自身では解明できるようになりました。

■見えないエネルギーの取り込み方

見えないエネルギーというと、「**何だか難解で複雑**」そう思われた方もいるかもしれませんが、実はみなさんも日ごろからよく利用し活用されているのです。

圧力をかけると見えないエネルギーの作用が増幅するものが「**指圧**」です。指圧をすると、タカダイオン同様に血液の流れがよくなります。指圧をすると血流がよくなることは知っていても、血流がよくなるのは、見えないエネルギーが作用するから。という理屈は、まさに盲点です。

見えないエネルギーを取り込む方法はまだまだたくさんあります。

1　呼吸

2　ストレッチ（柔軟体操）

です。

呼吸は動物の場合は、息を吸い込むと肺に圧力がかかり、息を吐き出すと圧力が弱まります。

ストレッチは筋肉や筋に圧力をかけ緩めます。

このときなるべくゆっくりと圧力をかけ、ゆっくりと解放すると、見えないエネルギーは体内に蓄積されていくのです。

この方法をとっている運動はヨガ、太極拳、気功と呼ばれるものに多く見られます。

私たち人類は、知らず知らずのうちに、見えないエネルギーの取り込み方を子々孫々受け継いできたのではないでしょうか。

ここでの一番のポイントはゆっくり圧力をかけ、ゆっくり解放することです。

この運動を続けていけば

・疲労がたまりにくい。
・肩こり防止、腰痛の軽減。
・ボケ防止。
・成人病になりにくい。
・太りにくい。

この運動を続けていくと、身体も頭も柔軟になります。

特に身体が柔軟になると、病気になりにくくなるのです。

私たちは、「見えないエネルギー」を体内に取り込むことによって、「宇宙や地球に生かされている存在」だと考えています。

また、禅というものは素晴らしいものです。

胡坐（あぐら）をかいて、正しい姿勢をとると、呼吸が深くなります。正しい姿勢を保つと体内に圧力がかかります。（意外と難しいです。普通の人は10分と持ちません）

身体に圧力をかけ解放し、同時に深い呼吸をすると、本当に体内にはおびただしい「見えないエネルギー」が体内に満たされるようになるのです。

「見えないエネルギー」とは、「気やオーラ」とよく似ているものだと思いがちですが、私は違うものだと思っています。ただし、「見えないエネルギーと波動エネルギー」はほぼ同じものではないかと思っています。

「見えないエネルギー」がエネルギーの根本であって、「気、オーラ」などは見えないエネルギーから化学変化を起こしたものではないかと思っています。

例えば見えないエネルギー（水素）気（ヘリウム）のような。

これらの運動方法を知っている人の中で、見えないエネルギーが身体に充満して、はちきれそうな人は常にオーラに満ちていて、その中の数人の天才が身体から気を発散して病気が治せる人です。

漫画の世界だと、北斗神拳の使い手、霞拳志郎のような人物…。

恐らく、１万人に１人いるかいないかの天才です。

そういう人は「見えないエネルギー」について、本能的に理解ができている人だと思っています。

見えないエネルギーを素晴らしく取り入れることができる体操がＹｏｕＴｕｂｅにアップされています。「看護師さんのための疲れ解消プロジェクト」とネットで検索してください。「ゆっくり身体に圧力をかけ、深く息をする」という点では完璧な体操だと思います。

体操は老若男女ほとんどの人が、簡単に取り組むことができるものですし、もし身体が不自由な方は、自分のできる範囲で無理せず行い、呼吸法だけでもマスターしてください。

呼吸法ひとつでも癌を克服することができることもあります。

「見えないエネルギー」は誰にでも等しく分配されているもので、正しく使えた人が得をするエネルギーなのです。

しかも、タダですから使わなきゃ損です…(笑)。

特に私が気に入っているものをチョイスしています。このシリーズを1日3個以上やってみてください。やる前にラジオ体操第1を行うとさらに完璧です。

裏の世界で波動を操る達人たち編

■特殊工芸作家で波動研究家　谷田部貞夫さん

谷田部貞夫さんは特種工芸作家です。その方が波動製品であるＵＦＳというものを製造しています。

日本でも著名な特種工芸作家であり、波動を研究している珍しい方です。

谷田部さんは日本紳士録　美術家名鑑といった書籍に名前が載っています。

日本紳士録とは１８８９年から２００７年４月（第80番で休刊［１］）まで隔年で出版されていました。

紳士録（しんしろく）とは、官僚、大企業の役員、芸術家など著名人のうち、存命で活躍している人物の情報を掲載した本を指します。

交詢社は１８８０年（明治13年）に福沢諭吉の設立した日本最古の社交団体です。

「福沢諭吉が、提案した」。

福沢諭吉と言えば、慶應義塾大学の創始者で1万円札に載っている人ですからすごいですね。

本当は疑り深い私なので図書館に行き自分の目で確かめさせていただきました。日本紳士録は現在休刊となっています。その理由は個人名簿を悪用した詐欺が横行したからです。

日本紳士録、美術家名鑑など確認。

間違いなく掲載されていました。

谷田部さんはＵＦＳを開発してから40年以上の歳月がかかっていますがＵＦＳ３種類は最新の製品で、まだ世の中にほとんど出回っていない製品だといいます。

UFSの内容

3億年前の石を使っている。

波動面と収束面がある。

UFSをコップの下に置き中に水を入れ1円玉を浮かせると1円玉が回転する。

いろいろな実験レポートが本にも書かれています（ただし、弊社実験によると、一番高価なタイプ86万4千円のものでしか回転は確認できなかった）。

谷田部さんと最初に電話でお話ししたときのことは今でもよく覚えています。とっても気さくで明るく礼儀正しい方でした。

すごい人って大体そういう人ばかりです（ネガティブな人はほとんどいません）。

UFSは大学でも研究され教授からも絶賛されている製品です。

谷田部　貞夫（やたべ　さだお）さん

１９４２年　栃木県宇都宮市生まれ。１９６８年以来、県芸術際、日府展（３回）、第三文明展（３回）などに連続入選。１９７３年西武百貨店で工芸展を開催。その間、創作活動とともに石と自然との本質的な融合を深めＵＦＳ（自然融合器）を製作。その幅広い利用方法が朝日新聞に報道され、以来、ＴＶ、ラジオ、月刊誌等で衝撃的な話題を呼ぶ。

尚、１９７４年メキシコ親善交流でエチペリア大統領へ作品を献上し、大統領夫人から賞賛を受ける。

１９８５年「超ＵＦＳ原理」を完成させＯＡＢＣ理論とニュージャイロ方式を確立。

著書『潜在生命エネルギーを活性化せよ』『宇宙リズムのバランス健康法』など。

宇宙融合の
超健康革命
谷田部貞夫
「DABC理論」と「ニュージャイロ方式」

■超能力美女　空月水さん

「超能力」というと大袈裟かもしれませんが、ものすごい能力を持っている女性と出会いました。

名前を

空月水さんと申します。

彼女はさまざまな職業をこなしてきた才女なのですが、あるとき突然自分に隠されていた才能に気が付いたらしいです。

お会いしてみるとわかるのですが、すごく透明感があってこの世の人ではないような感じがするのです。

アクセサリーを作るのが得意で、某大手百貨店にも納品しているほどです。

しかも絶対に効果が落ちない波動処理ができるそうです。

ただし一般企業に製品を納品するときは、波動処理していることは内緒・・・笑）

（やっぱり波動というものは、世間に普及させるのは難しい！）

空月水さん

大学では文学を専攻し、心理学・宗教学・神秘学等にも興味を持ち、幅広く学びました。卒業後、ヘルスケア製品を製造する仕事の中で波動の技術を知るとともに、研究者より自身の特殊な能力を指摘され、ヒーラーの道へ。

現在はその能力を磨きつつ、想いを込めてアクセサリー製作を行っています。

私は小さい頃からもの作りが好きで、それを仕事にしてきたのですが、現在は主にアクセサリーを作っていて、一部商品は大手百貨店にも並べていただいています。(そちらのお客様には波動加工は内緒です)

波動加工技術は師匠X氏に能力を見出され、アクセサリーに加工をするようになりました。

私の肩書きは「不思議ジャーナリスト」です。

さまざまな波動家やスピリチュアリストに出会ってきましたが、彼女は本物だと確信しました。

それは、このブレスレットを触ったとき、ただならぬものを感じたからです。

「常識を超えた彼女の能力」を日本に1台しかない「波動測定装置」で彼女を測定したところ、「+(プラス)20—(マイナス)20」という数百万人に1人いるかいないかの数値でした。

空月水さんが作った、この「ブレスレット」はぜひご紹介しなければいけないと思いました。


私が小さい頃は、「月に水はない」と学校で教わりました。

今では月に水があることがほぼ証明されています。

世の中の常識は常に変化しているのではないでしょうか！

■太陽の光とともに幸運を運んでくるサンキャッチャーについて

空月水さんが作る製品には「サンキャッチャー」の原理を使っているものがたくさんあります。

ここでは、サンキャッチャーについてご紹介させていただきます。

昨今では、スピリチュアルグッズを取扱うショップでサンキャッチャーを見かける機会が増えてきました。既にご自宅にインテリアとして飾っている方もいらっしゃるのではないでしょうか。キラキラと輝く美しいサンキャッチャーは、

オブジェとして見た目を楽しめる以外に、一体どんなパワーを秘めているのでしょうか。

そもそも「サンキャッチャー（Sun Catcher）」とは、幸運を引き寄せるインテリアアイテムのひとつです。別名「レインボーメーカー（Rainbow Maker）」と呼ばれることもある通り、太陽の光を反射させることでたくさんの小さな虹を作り出すことができます。サンキャッチャーを窓辺に吊るし、太陽光を浴びさせることでお部屋いっぱいに虹が広がると、幸運を運んでくると信じられているのです。

虹には、不思議な力があります。例えば雨上がりの空に大きな虹を見つけると、まるで元気をもらったかのように明るい気持ちになるでしょう。人々の心に根付いたネガティブな気分を前向きな気分へと導いてくれるのが、虹のエネルギーです。しかし、日々の生活では頻繁に虹を見ることはできません。そのため、サンキャッチャーを窓辺に吊るして、虹をより身近に感じられる環境を整えるのです。

私たちは、仕事・人間関係・恋愛・家族などに関する多くの悩みを抱えています。日々多くのストレスによって生まれたネガティブな思考は、次第に邪気となり、自らの運気を低下させてしまうことがあります。例えば、「結婚したくてもいい人に巡り会えない……」と毎日のように嘆いていないでしょうか？

理想の男性に巡り会えないという現実を招いている原因は、部屋に充満した邪気が原因かもしれません。ネガティブな思考が邪気を生み、結果的に幸運が遠のいてしまっているのだとしたら、この負の連鎖を断ち切る必要があるでしょう。

サンキャッチャーで集めた虹の持つ力が、部屋の邪気を消し去ってくれます。珍しい虹を目にすることで、マイナスなエネルギーがプラスのエネルギーへと変わっていくはずです。尚、サンキャッチャーはたくさん吊るした方が得られるパワーが強くなります。窓辺に飾り、虹のエネルギーを部屋いっぱいに取り込んで、明るく前向きになれる環境を整えていきましょう。

まとめ
心が曇っていると感じられたときは、サンキャッチャーを窓辺に飾り、お部屋にたくさんの虹を作り出してみましょう。虹のパワーでエネルギーが浄化されます。良い運気を取り込むことで、遠くない未来に運命の人との出会いを引き寄せられるかもしれません。

■満月の夜にエネルギーチャージ

空月水さんの月の波動エネルギー理論

みなさまはお月様を眺めたりすることはありますか？

ただ月の光を浴びているだけでも凛と心が澄んでくるような気がしますが、実は月にはすごいパワーがあるんです。

私たちは絶えず月の影響を受けて生きています。

例えば、海の潮の満ち引き（満潮・干潮）は月の引力によって起こります。

月の満ち欠けの周期は女性の生理周期と重なりますし、満月の日は出産が多くなります。

（先日ＴＶに出ていた産婦人科の先生も満月の日は忙しいと言っていました）

また、月の力が私たちの肉体や精神に大きな影響力を及ぼすためか、満月の日には事件や事故が多いと言われています。

（満月の光によって変身する狼男のお話があります。お話の起源は諸説ありますが、昔の人がそういった月の不思議なパワーを感じて象徴したのかもしれませんね）

満月は浄化の力があるため、パワーストーンの浄化にも良いとされています。このように、月の力は、科学が発達した現在でも神秘的なまま、私たちに影響を及ぼしています。

最近では、新月と満月のパワーの違いを活用したダイエットや願いごと、金運のおまじないが流行っているようです。

新月は一番姿が見えなくなる日で、「始まり・成長」のパワー、満月は一番月が真ん丸に見える日で、「満ちる・達成する」パワーを持っています。

新月にリセットし、満月まで段々と成長して、満月の日に満ちきって手放す。そしてまた新しいサイクルへ…。

このサイクルに影響される身体の水分や脂肪、心をうまく導いたり、このパワーをお財布の中身に取り入れたりしているのですね。

金運アップのために、新月の日にお財布を新調したり、満月の日にお財布のヒーリングをしたりする方も多いのでは？

そんな月のパワーを借りて、空　月水さんが作った新作アクセサリーが満月パワー☆金運根付けです。

今回はお財布用のアクセサリーです。

デザインは、満月をイメージして、箔を散りばめた半球ドーム型レジン（樹脂）。

よく見ると中にうさぎさんがいます。

そして、お金をイメージしたコインパーツ、
財宝をイメージしたラインストーン、
お団子をイメージしたパールも。

何とも楽しそうに月で暮らす
うさぎさん(笑)という遊び心
いっぱいのデザイン。

空月水さんからのメッセージ

今回、金運アイテムは作ってよいものかどうか正直迷いがありました。

どんなに良いエネルギーを出している優れた金運グッズも、持っているだけでお金が入ってくることはあまりないからです。

やはり自分の具体的努力や心の波動、天の時期（時間差）が関わっていると思います。

世の中にはさまざまな金運グッズがありますが、大仰に効果を謳った商品と肩を並べて私のアクセサリーを出して、お客様に誤解を招いては…という懸念がありました。

ですが、先月の夜（２０１７年11月４日）の満月を眺めていて、ふとこの月のパワーをいただこうと思い立ち、こちらの商品を試作しました。

先月の満月はご覧になりましたか？　とてもきれいな満月でした。

商品には、11月4日の満月と、12月4日のスーパームーン(満月・新月と、月が地球に最接近する日が重なったときの月。通常より大きく、明るい)の波動を込めてお渡しする予定です。

現代社会では、幸せになるにも幸せにするにもお金は必要です。

大仰な効果を謳うことは差し控えますが、さまざまな手間と工夫でパワーを込めた商品です。

少しだけみなさまの幸せのお役に立てればと思います。

月に感謝、周りに感謝、自分に感謝してお願いしてみてください。

そして、もし効果がありましたら、大切な人・お世話になった人・困っている人に、動物や自然に、日本を守ってくれている神仏に、少しだけお裾分けをしてください。

回りまわって社会全体が幸せになるために、ぜひ金運アップしていただきたいと思います！

■表と裏の世界の真実！　波動プロデューサーX氏の素性

波動プロデューサーXと空月水さんは、切っても切れない関係なのでここでお話しさせていただきます。

波動プロデューサーX氏は裏の世界で波動製品を普及させようとしている陰の実力者です。

ただ、X氏自身も波動封入技術を持っています。

波動技術を駆使した製品に、年間数億円ほどの受注が来ているとのことでした。

どのような企業なのかは、表だって言うことはできませんが、TVコマーシャルなどでもお馴染みの大企業。

超有名人が提案して数十万個の販売実績のある製品などがあります。

波動技術というのは、大企業などでも一部取り入れられつつありますが、数が多いわけではありませんし、理解のない企業には最初からそのような話はしないらしいです。

しかし、なぜかあるとき波動プロデューサーX氏がオプティマルライフに飛び込みで営業にきたのです。それ以来、頻繁に足を運ぶようになました。

理由は、「波動の話が100%包み隠さずできるから」らしいです。

要はすべて本音で話せるからなのでしょうね。

大手企業は「製品に波動技術を使っている」という事実があっても、本当のことをみなさまに伝えることはしません。

大手企業で、波動という言葉を堂々と謳っているのは、スジャータのＣＭでもお馴染みの「めいらくグループ　波動医科学総合研究所」ぐらいではないでしょうか？　それ以外ではほとんど聞いたことがありません。

そして、波動を理解しているごく一部の企業では、波動技術をブラックボックス化して、製品の優位性を増して販売しているところがあるのです。そういうお手伝いをしているのが、波動プロデューサーＸ氏です。

また波動プロデューサーＸ氏は医療業界にも太いパイプを持っています。

波動技術を医療の現場でうまく生かすことを是としている医師がこの世には存在しています。

同じ志を持つ医師たちは、あるグループを作っているのですが、そのグループのシンポジウムに波動プロデューサーX氏はたびたび参加して交流を深めています。

波動プロデューサーX氏が信頼している波動測定装置は、ある大企業の社長が資財を投じて作ったもので、日本に1台しかないものです。決して表には出ませんが究極の装置とのことです。

私も、その会社の名前を聞いたら、ビックリ仰天してしまいました。

みなさんはホルミシス療法というものをご存知でしょうか。

私はホルミシス関係の製品を15年以上前から扱ってきました。
ただし、ホルミシス療法の情報は、TVや新聞などマスメディアでは取扱うことはほとんどありません。
特に2011年に原発事故が起こったあとは「放射線」という言葉は最大のタブーとなっています。

確かに大量の放射線は癌を誘発します。
しかし、適度の量の放射線は癌治療に効果があると言われています。

しかし、マスコミなどでそのような情報を流すと大問題になってしまう現状があります。

どちらが本物でどちらが偽者？

専門家でも意見はバラバラです。

あとは自己責任でどちらが本物かを判断するしかないのです。

みなさんは「ラドン温泉」と聞くと、健康によさそうなイメージがあるのではないでしょうか。

「玉川温泉、三朝温泉」など不治の病が治ると有名な湯治場です。

ラドンは放射線ですから、イメージの問題は大きいのではないでしょうか？

しかし、時の権力者や著名人などは、自己責任で高額なホルミシスの装置を購入して病気を克服している事実があります。

例
２０１３年３月『週刊新潮』、『週刊ポスト』より
安倍総理とラドン吸入器

波動プロデューサーX氏は、そのホルミシス療法に波動技術を加える試みを行っているのです。

放射性物質に波動処理をすると、とっても不思議な事が起こるからです。

ホルミシスで有名な団体に日本放射線ホルミシス協会があります。

波動プロデューサーX氏　空月水さんの関係

師匠　弟子

波動プロデューサーX氏が以前面白いものを会社に持ってきました。

12年前に100円ショップで買った容器に水道水を入れたものです。

１００円ショップの容器に波動処理を施し12年持ち歩いているのです。全く水は腐りません。

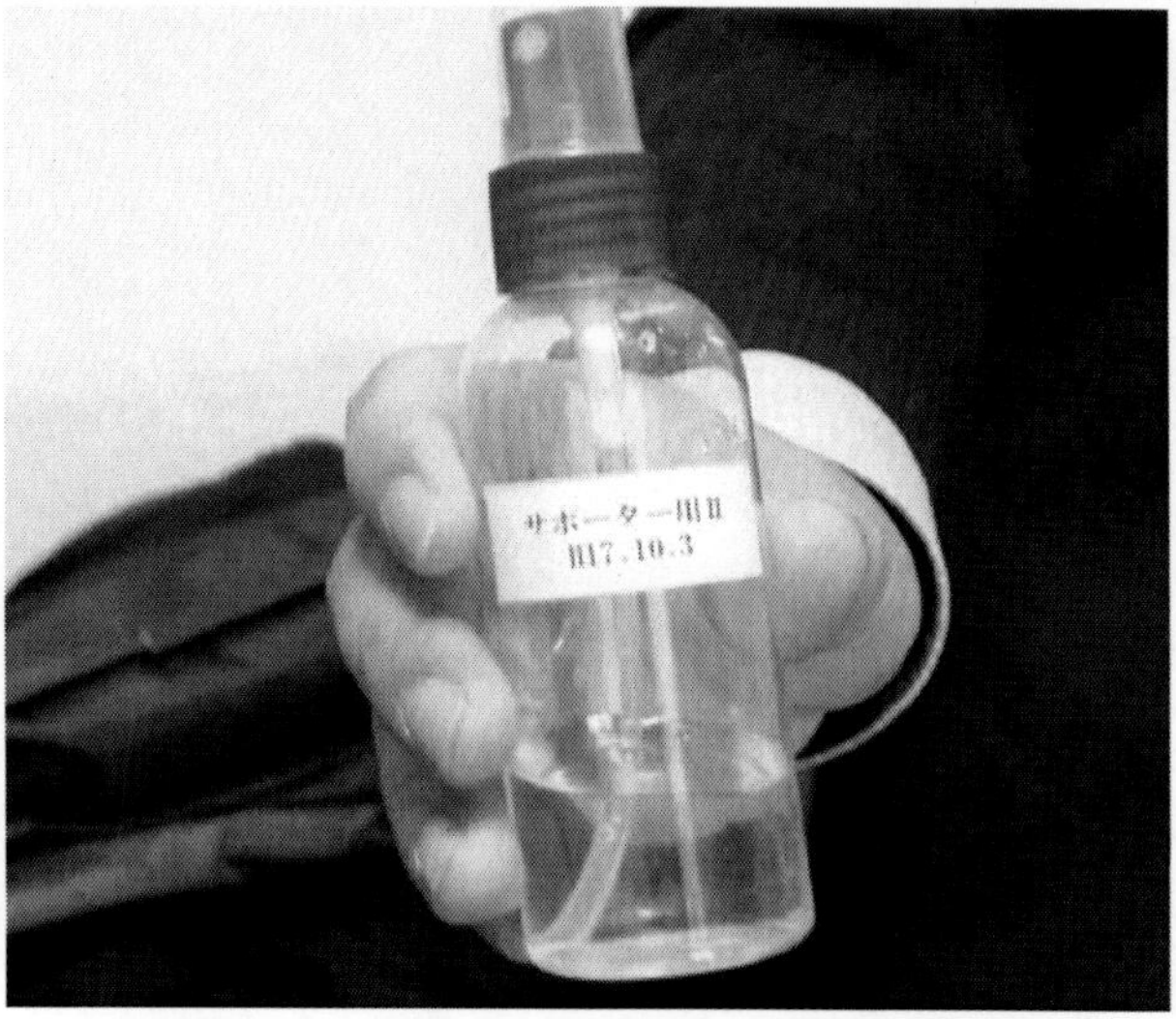

この処理こそ、波動プロデューサーX氏と空月水さんの波動処理の基礎部分になります。

もうひとつ面白い数値の話。

波動プロデューサーX氏
+(プラス)２０
空月水さん
＋(プラス)２０
ー(マイナス)２０
波動プロデューサーX氏

＝数万人に１人いるかいないかの数値

空月水さん
＝数百万人に１人いるかいないかの数値

らしいです。

波動プロデューサーX氏が空月水さんの才能を見抜いたのはそれだけではありません。

彼女は究極のラッキーガールらしく、どんなに望みが薄い営業先でも、彼女が一緒に営業に行くと、ほぼ１００％の確率で受注が成立してしまうらしいのです。

究極のラッキーガール（あげまん）？

波動プロデューサーX氏もさすがに、この現象に関しては「理解不能」と言っていました。

そのツキは私もあやかろうと思っています…(笑)。

■ひふみエネルギーを操るＨＷＴマロさん

私（広瀬学）と10数年来一緒に仕事をしているＨＷＴのマロさんという方がいらっしゃいます。

この方の生き方はみなさんの参考になるのかわかりませんが、とてもうらやましいと思っているところがあります。少しご紹介させていただきます。

・１日３時間以上は働かない

・製品開発は上（天界）に聞いて作っている。
・金は稼ぐものではなく引き寄せるものだと思っている。

普通の方の3分の1ぐらいしか働きませんが、お金に困っている様子は全くありません。

2017年は1千万円もする外国車をキャッシュで購入しました。

ただ、こう聞くと、「怠け者」と聞こえるかもしれませんが、そんなことはありません。

彼は、「ほんの一瞬の集中力」が高いのです。だから素晴らしい製品を作ることができます。

私は貧乏な業者とは、基本的にお付き合いはしません。

なぜなら「説得力がないからです」。

引き寄せの法則でお金持ちに！　と書いている人が極貧では笑い話にもなりません。

本当にエネルギーの高い人は、**「お金は稼ぐのではなく引き寄せる」**のです。

■HWT製品の作り方

ヒーラーや気功師、霊能力者やチャネラー等、さまざまな人たちが対象物にある種のエネルギーを込めたり、波動転写して、お守りや健康グッズ、スピリチュアルグッズとして利用しています。

しかし従来の方法では必ず問題が付きまといます。

ひとつはエネルギーの質がピーキーで次第に減衰して抜けてしまい、長期間の使用には耐えないこと。

また、そばに強い他のエネルギーがあると容易にその影響を受けてエネルギーが変質、特に悪い方向に変わりやすいこと。もうひとつはエネルギーを込めた側が、ある種反作用の影響を受けることです。

ＨＷＴがこの種のエネルギーをオーディオに応用するにあたり、まずは対象物（水晶等）にさまざまな事象をプログラムする方法を開発しました。

この方法は霊的能力等のスキルが無くとも簡単に使いこなすことができます。

ＨＷＴイベントで試聴していただいた水晶インシュレーター2種（ひとつは振動入力方向の真逆に振動を逃がすもの、もうひとつは振動入力方向の真逆に頂角３０度の円錐状に振動を逃がすもの）は、この方法を用いて作成しています。

水晶の物性をコントロールして振動を逃がしたり、吸収する方向で試聴実験を繰り返しましたが満足できず、逆に振動を生かしてエネルギーとして利用する方法に思い至りました。

まずはスピリチュアル的にも良いとされている「モーツアルト」の楽譜を水晶にプログラムして試聴、非常に良い結果を得ることができました。

しばらくは満足して聴いていたのですが、「もっと良いエネルギーがあるのではないか」「音楽をもっとも良いものにするものは何だろう」という疑問から様々なものを試し、探し当てたのが「ひふみ祝詞」です。

これは江戸末期からの埋没神のほとばしりである、黒住・妙霊・天理・金光・大本と続く古神道の流れの良(とどめ)の神示とされる日月神示に出ているものです。

「ひふみ祝詞」を水晶にプログラムして聞いてみるとこれが素晴らしい。さらに完璧を期すため「あいぅえお祝詞」も合わせてプログラムしました。

「ひふみ祝詞」は数霊、即ちスサノオ的エネルギーであり、「あいうえお祝詞」は言霊、即ちアマテラス的エネルギーを現します。

「ひふみジェネレータ」と「ひふみクリスタル」は水晶部にこのエネルギーを封じ込めるのではなく、プログラムしてあります。水晶部に音や電気、磁気、光等のエネルギーが加わるとプログラムが発動、もっとも理想的な言霊を用いて「ひふみ祝詞」と「あいうえお祝詞」を唱えることにより強力なプラスのエネルギーを発生させているわけです。


エネルギーを封じ込めるのではなく、プログラム発動形式を用いたことにより、50年以上の長期にわたり安定して継続利用することができます。また、他の波動やエネルギーに影響を受けず、浄化グッズなどを用いてもプログラムは消去されません。

この強いプラスのエネルギーにより音楽信号やリスニングルームの音響特性を改善するばかりでなく、その場所を生活空間とするすべての生物にプラスのエネルギーを与えて良い影響を及ぼします。

この文章に出てきた「ひふみジェネレータ」と「ひふみクリスタル」は現在販売していません。

■怖いほど当たる日本の預言書「ひふみ神示」

１９４４年（昭和19年）に書かれた、「ひふみ神示」という預言書があります。「ひふみ神示」は、日本神話で天地創世の始めに出てくる「国常立尊（クニトコタチノミコト）」を中心とした神様からの言葉をまとめたものです。

預言書を書いたのは、神道研究家で画家でもある岡本天明という男性です。岡本天明は子供の頃から霊感が強く、神霊の姿を見たり、声を聞いたりしていました。

岡本天明は１９４４年に千葉県の麻賀多神社を参拝しますが、そこで突然右腕に激痛が走り、啓示を受けて預言書を書きました。

ひふみ神示の原文は日月（ひつき）神示と呼ばれていますが、こちらはほとんど数字と記号で書かれているため、簡単に解読できません。

当初は、書いた岡本天明自身ですら読めませんでした。しかし、神典研究家の仲間や妻の協力により、大部分を読み解くことに成功します。

ただし、日月神示は八通りに読めるという説もあり、解読法のひとつが明らかになったに過ぎないとの意見もあります。

ひふみ神示が広まったきっかけは、第二次世界大戦の敗戦が予言されていたことです。

ひふみ神示には、「日本の国は一度つぶれた様になるのざぞ。一度は神も仏もないものと皆が思う世が来るのぞ」といった文章が書かれています。

これは、東京大空襲で東京が焦土となり、原爆によって甚大な被害を受けて敗戦することを表しているという説が一般的です。

他にも、数多くの地震・天災・戦争について予言されており、阪神・淡路大震災や東日本大震災と考えられるような記述もあります。

現代に関わることでは、富士山が噴火する、北からロシア軍が攻めてきて日本が占領されるといったことが予言されています。

さらに終末について書かれた部分もあります。

現在の日本は、少子高齢化や自然災害の懸念、外交問題といったようにさまざまな問題を抱えています。
そのため、将来に不安を抱いている方も多くいらっしゃいます。
しかし、ひふみ神示を読めば、これからのことを考えるときの参考になるかもしれません。

ひふみ神示によって、日本に起きたさまざまな問題が予言されてきました。難解な文章なため解読は難しくなっていますが、日本の未来が気になる方は、読んでみてはいかがでしょうか。

まとめ
ひふみ神示は、１９４４年に岡本天明によって書かれた預言書です。
日本の敗戦や震災といったように、さまざまなことが予言されてきました。最近のことについての記述もあります。日本の未来が気になる方はぜひ一度ご自身の目で確かめてみてください。

■波動とは？　幸せを引き寄せる法則

人間同士の相性とは不思議なもので、初対面にもかかわらずなぜか意気投合できる人もいれば、多くの時間をともに過ごしたにもかかわらず相容れない人もいるものです。

そして、このように自分と相性の良い人のことを、「この人とは波長が合う」などと表現することがあります。誰もが自然と使うこの言い回しですが、実はスピリチュアルの観点から見ても説得力があると言えます。

この世界にあるものは、それぞれが「波動」を持っています。

人間はもちろん、動物や植物も波動を持っています。

さらには生き物だけでなく、全く動かないように見える机の上のコップや、目には見えない感情や意識も含めて、すべてのものが波動を持っているのです。

ここで言う波動とは、そのものに固有の振動のことを指します。

持っている波動が近いもの同士は、相性が良くなります。

波動の相性がいいもの同士が結びつくと、そこで良好な関係が育まれ、お互いに利益がもたらされます。

その反対に、お互いにかけ離れた波動を持つもの同士は、相性が悪いということです。

相性の悪い波動の影響によって、体調が悪くなったり、気分が悪くなったりします。つまり、自分の身の回りに波動の合うものを多く集めるほど、幸せを引き寄せることができると言えるでしょう。

私たちが社会生活を送っていると、どうしても相性の悪いもの同士で関わらなければならない場面に出くわしてしまうことがあります。

しかし、そこで相性の悪い人間からの評価を期待してしまうのは、お互いにとって幸せではありません。そんなときは、心をクリアにして波動の相性を見極められる視座を持ち、自分をより高めるために鍛錬を怠らないようにしましょう。

波動は日々のトレーニングによって、さらに高めていくことができます。瞑想をしたり、浄化を行ったり、ヒーリングを受けたりすると、今の波動をより高めることが可能です。

ただし、トレーニングの成果はすぐに実感できるものではありませんから、毎日コツコツと取り組みを継続していきましょう。自然と幸せを引き寄せるために、ぜひご自身が持つ波動に気づいてみてください。

波動は、すべてのものが持つ振動エネルギーを発生させます。

波動には相性があり、相性の良いもの同士はお互いにメリットをもたらします。より多くの幸せを引き寄せるために、感覚を研ぎ澄まして波動の相性に気付き、さらには自分の波動を高めていきましょう。

■教祖と信者のスピリチュアル製品の考察

人が行動を起こすための動機は主に３つあります。

１　恐怖
２　利益
３　思想

１は簡単ですね。「あなた癌です。タバコやめてください」と医師に言われれば、十中八九タバコをやめることでしょう。私がいくら酒好きでも、肝硬変だとわかったら、酒はやめると思います。

つまり人にとって一番恐ろしいものは死。


2はわかりやすい。

寝不足であろうが、二日酔いであろうが、朝起きて会社に行くのは給料もらえるからであって、ただのボランティアだったら、そんなに必死こいて働かないと思います。資本主義経済の根本は欲望でしょう。


3はわかりにくい。

思想とは目に見えないものであり、本人にしかわからないものだから…。

しかし、「思想で動く人」はせいぜい数%と予想しています。

もし、多くの人が思想で行動したのであれば、人類はとっくに滅んでいたに違いないと思うのです。

社会にとって一番危険なことは「人が思想で動くこと」だと思います。

しかし、人は生きていく過程で、人の思想にすごく影響されてしまうのも事実だと思います。

一番身近な例では、家族、親類、ご近所、会社での人同士の触れ合いです。

しかし忘れてはいけないのは、人が一番影響を受けているのは国家そのものだということです。

だから人の人生なんていうものは「どの国に生まれたか」によって半分以上は決まってしまうんじゃないかと思っています。


今回のテーマ「教祖と信者のスピリチュアル製品の考察」では

教祖＝思想を与える人

信者＝思想に影響を受ける人

これは、どんな趣味でも当てはまるものだと思うのですが、特にスピリチュアル製品ではこの「教祖と信者の関係」は根幹の部分だと思っています。・・・

それは何故なんだろうか？

スピリチュアル製品＝目に見えないもの

だからではないかと思います。

これに近いものって何だろうか？

「宗教」

こんなに目に見えないものなのに確実に人に影響を与えてしまう。

それが「宗教」。

ただ、私はここで、宗教がいけないと言っているのではありません。

むしろこの世で一番大切なものは「目に見えないもの」ではないかと思っているのです。

教祖様や信者を否定しているわけではありません。

むしろ、そのような関係が広がることは、人間社会にとって当たり前に行われてきたことだと思うからです…。

しかし、この教祖様が「悪意を持って信者をコントロール」しようとすると非常にやっかいなことになります。

信者は教祖様の言うことならば、何だって従ってしまうから。

もし教祖様が

自分の好きなもの＝正しいもの

と言えば、信者は教祖様が言っていることなのだから「間違いない」と思ってしまう可能性は高いです。

私が今までこの仕事をしてきて、一番悩んだり、戸惑ったりしたことは、実はこの「部分」だったのです。

だから心のヤバそうな人にはあえて近づかなかった。

スピリチュアル製品、波動グッズを購入するときに一番気をつけなければいけないことは、「製品ではなく、作っている人の性格」だと思います。

不思議ジャーナリストとしての使命は、製品の素晴らしさよりも、「人となり」を紹介することだと思っているのです。

有限会社コスモヴィレッジ（出版社）が出版していた、オーディオ専門誌Ａ＆Ｖヴィレッジ（隔月全国誌）のなかで通販を専門に扱う子会社有限会社ローカルメールオーダーの最高責任者をしていました。

またアンテナショップ「エンゼルポケット秋葉原」で通販カタログの編集作業を兼務しながら10年店長をしていました。

その間、オーディオ評論家（故江川三郎氏、飯田朗氏）や健康アドバイザー、スピリチュアル専門家など不思議な出会いをしました。

オプティマルライフ株式会社代表取締役としても、テネモス飯島秀行氏など、さまざまな人々とさらに関わりを持つようになりました。

オプティマルライフ株式会社はあなたにとっての最高最善の人生をサポートする（オプティマルライフ）という意味合いから、健康食品、化粧品、スピリチュアルグッズ、テネモス製品、などの製品を取り扱っています。こだわりは「お客様にとって最高」と思われる、個性のある商品をメインに販売しています。

オプティマルライフ株式会社
代表取締役　広瀬　学

ちょっと笑える不思議な世界の裏話

2018年 7月 9日　　初版発行

オプティマルライフ株式会社
代表取締役
著　者　**広瀬　学**

定価（本体価格1,800円+税）

発行所　株 式 会 社　三 恵 社
〒462-0056　愛知県名古屋市北区中丸町2-24-1
TEL 052(915)5211
FAX 052(915)5019
URL http://www.sankeisha.com

乱丁・落丁の場合はお取替えいたします。

ISBN978-4-86487-870-8 C0095 ¥1800E